Texte détérioré — reliure défectueuse

NF Z 43-120-11

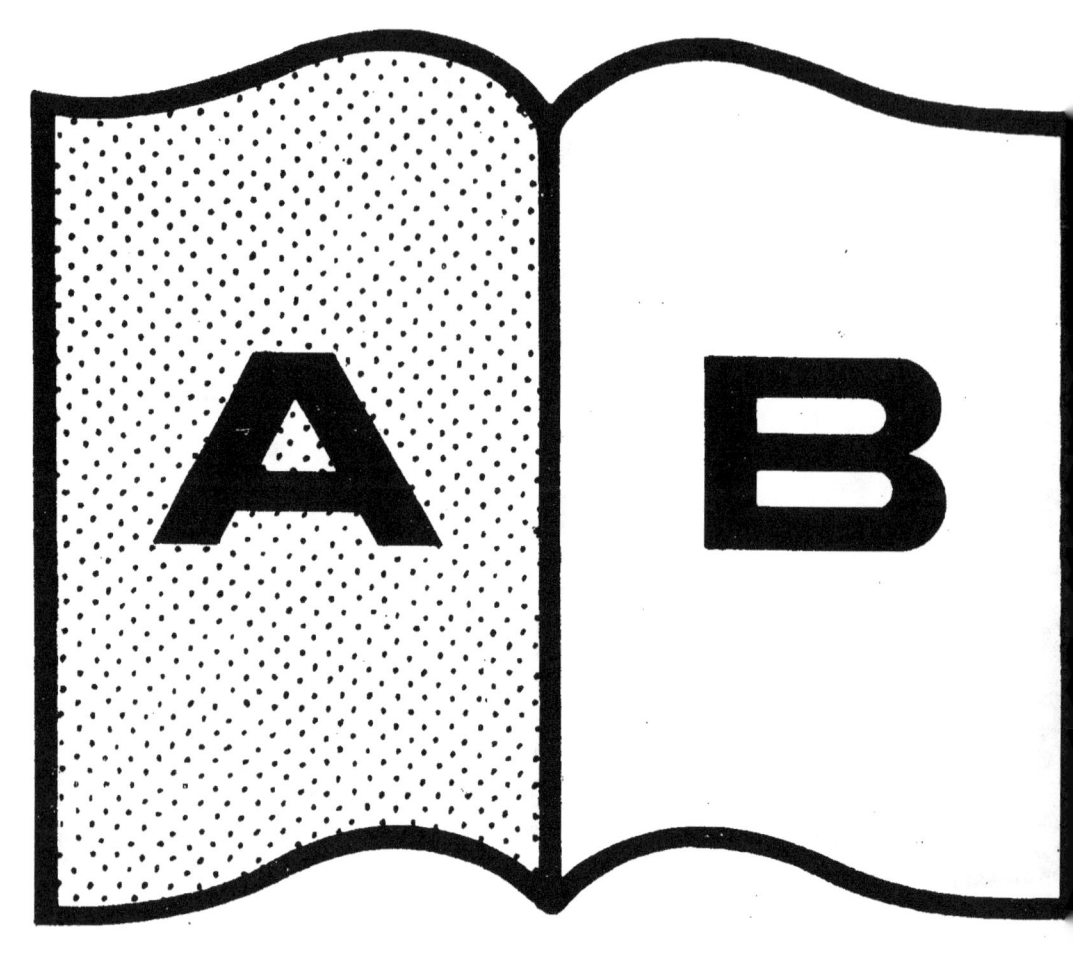

Contraste insuffisant

NF Z 43-120-14

CHANTS ET CHANSONS

DE

PIERRE DUPONT

TOME QUATRIÈME.

Paris. — Imprimerie de L. Martinet, rue Mignon, 2.

CHANTS ET CHANSONS

(POÉSIE ET MUSIQUE)

DE

PIERRE DUPONT

ORNÉS DE GRAVURES SUR ACIER

D'APRÈS

T. Johannot, Andrieux, C. Nanteuil, Gavarni, etc.

TOME QUATRIÈME.

PARIS

ALEXANDRE HOUSSIAUX, ÉDITEUR,

RUE DU JARDINET SAINT-ANDRÉ-DES-ARTS, 3.

MDCCCLIV

CHANTS ET CHANSONS
DE
PIERRE DUPONT

TOME QUATRIÈME.

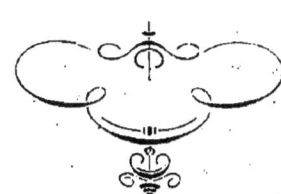

Paris. Typographie de Henri Plon, rue Garancière, 8.

CHANTS et CHANSONS

(POÉSIE ET MUSIQUE)

DE

PIERRE DUPONT

ORNÉS DE GRAVURES SUR ACIER

D'APRÈS LES DESSINS DE

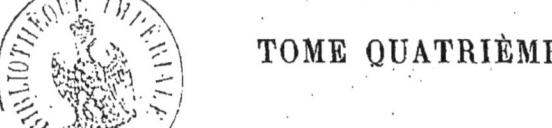
TONY JOHANNOT, ANDRIEUX, GAVARNI, C. NANTEUIL, STAAL,
FATH, BEAUCÉ, VEYRASSAT, ETC., ETC.

TOME QUATRIÈME

PARIS

LECRIVAIN ET TOUBON, LIBRAIRES,

10, RUE GIT-LE-COEUR.

MDCCCLIX.

NOUVELLE PRÉFACE [1].

Quand un pays qui, relativement, est petit sur la carte, comme la France ou l'Espagne, modifie sa Constitution, il se produit dans ce qu'on appelle le monde moral une oscillation qui a ses vibrations comptées par une loi mathématique invisible, comme les rides que fait sur l'Océan un vaisseau qui sombre ou celles qui résultent d'une pierre jetée à l'eau par la main d'un enfant. Les accidents n'influent pas sur la marche générale. Tout ce qui est beau, grand, vrai, utile, reste à une hauteur que rien n'atteindra. Ceux qui meurent ou qui succombent laissent après eux une gloire, un regret, un anathème, suivant qu'ils ont bien ou mal combattu leur combat. Le peuple survit, travaille, souffre, espère et demande des chansons.

— Bois ta petite goutte et chante-nous quelque chose, me disait un petit Normand de six ans à qui sa maman voulait imposer silence devant un auditoire assez grave.

— Eh bien ! je chanterai pour toi qui nais, le travail sous toutes ses formes : car l'homme qui a un outil dans la main, grâce aux nouvelles lois de communication, est libre d'aller planter sa tente où bon lui semble, d'approfondir et de combiner les lois de la nature, d'étudier jusqu'à tirer de son sein une invention nouvelle pour ajouter un levier nouveau

---

[1] La première préface qui se trouve en tête du tome Ier a été écrite en juillet 1851. Depuis, des changements sont survenus. Les lecteurs peuvent désirer savoir où en sont les idées littéraires et sociales de l'auteur ; voilà pourquoi nous lui avons demandé une nouvelle préface en commençant une nouvelle série de ses chansons (*).   (*L'Editeur.*)

(*) Si nous appelons nouvelle série ce tome IV et ceux qui pourraient suivre, c'est plutôt matériellement que littérairement, bien qu'ils doivent renfermer les nouvelles productions de l'auteur ; ils contiendront des chants anciens qui, pour diverses causes, n'ont pu figurer dans les volumes précédents. Des dates reporteront aux époques où ils ont été composés chaque fois qu'il en sera besoin. — On y trouvera aussi des chants dont Pierre Dupont n'a composé que la musique, et dont la poésie est d'autres auteurs, avec lesquels il s'est trouvé en relation de sentiments : Victor Hugo, Gustave Mathieu, Charles Baudelaire, etc. Ce qui permettra aux lecteurs musiciens d'apprécier la critique de Reyer sur la musique de Pierre Dupont appliquée à d'autres poésies, dans la notice intitulée : *Pierre Dupont musicien*, en tête du tome II.

NOUVELLE PRÉFACE.

à la somme des puissances acquises ; en te suppliant de ne pas étouffer ton âme sous cette recherche matérielle. Avant et après les heures strictes données à la conquête des éléments inférieurs :

> Omnia subjecisti sub pedibus ejus.
> Vous lui avez soumis tout ce qui est sous ses pieds.
> (GENÈSE.)

choisis le moment du crépuscule pour mettre ton âme à l'unisson de la loi universelle et harmonieuse des êtres. Retrempe ton rêve dans l'infini, apprends de celui qui te verse la lumière, la rosée et tous les dons, l'usage que tu dois faire de la portion dont tu disposes, et travaille sans relâche au bonheur de tous de toute ta force combinée avec celle des éléments qui sont en ton pouvoir.

Pour arriver à ce résultat d'une façon efficace, que ta morale et ton hygiène soient pures ! Que rien de souillé ne te touche, et il n'y a d'impur que le mal !

Par la respiration d'un air pur, par les exercices du corps, par le développement de tes facultés, par le travail des mains et une active mise en œuvre de ton esprit, fais-toi homme ! Qu'à ta main nerveuse on connaisse l'ouvrier ; à ta voix pure et timbrée, aux traits de ta plume ou de ton crayon l'artiste, à ta parole le penseur ! à ton front et à la pose de ton corps, l'homme libre ; à l'air de ton visage et au feu de tes regards, l'homme qui est digne d'une compagne. Que ta sympathie embrasse la création tout entière, mais que la connaissance des rapports te retienne dans l'usage modéré des choses !

A tous ces titres, quand tu auras mérité la compagne qui te rendra père, insuffle à tes enfants la tradition morale que tu auras allongée d'un chaînon de plus, et jouis paisiblement dans ce monde du bonheur qui est la récompense permanente de toute bonne action. Étouffe en toi l'ambition des choses illégitimes par l'amour toujours inassouvi de ce qui est grand, utile, beau et bon.

Qu'un marbre, qu'une toile, qu'une mélodie simple ou une harmonie savante, qu'un raisonnement bien déduit, te plongent en des extases douces où l'âme est comme reliée à son principe et prélève déjà des arrhes sur la vie éternelle.

Ne méprise pas la matière, elle ne s'avilit que par nos erreurs. Une grasse prairie bariolée de troupeaux : bœufs et vaches broutant, taureaux roulant leurs yeux noirs et rouges, chevaux, cavales et poulains caracolant, hennissant ou venant allonger leurs naseaux à travers les saules sur l'eau bleue du fleuve ; des coteaux festonnés de pampres, des bois sacrés d'oliviers, des bruyères giboyeuses ; des forêts vierges où sommeillent les poisons végétaux et animaux sous les formes les plus gracieuses et les couleurs les plus vives : tout cela, en résultat comme en perspective, offre à l'homme qui pense un thème inépuisable, de quoi satisfaire l'ambition de mille Alexandres. Le microscope nous fait voir un monde dans l'aile d'une mouche... Que de nouveaux mondes il reste aux Colombs de l'avenir !

NOUVELLE PRÉFACE.

Que je te voie leste et pimpant rejeter d'un pied hautain la planche qui te relie de la terre ferme au steamer qui va t'emporter dans ton premier voyage lointain.

Avant ton départ, les fils électriques ont porté à ce que tu aimes ton baiser d'adieu, le frisson des fibres de ton cœur. Tu coupes l'Océan par une ligne mathématique, tu noues des rapports de vie entre le vieux monde et le nouveau. Le temps est pour toi plus précieux que l'or. Tu travailles, tu te hâtes; tu reviens avec le fruit de ton labeur aider, consoler, embellir l'existence de ceux que tu aimes, offrir à ceux qui t'environnent le modèle d'une vie bien remplie, sans inutiles regrets, sans espérances mensongères.

Voilà ce que je voudrais chanter.

Mais ce serait là le poëme épique moderne! et pour qu'il se fasse, il faut que le monde se repose de ses secousses et soit maître de son destin.

Aussi, avant ceux plus heureux qui jouiront de ce beau spectacle et pourront le chanter avec le grand rhythme et dans la forme d'Homère et du Dante, de la voix faible que m'ont faite les circonstances douloureuses et les milieux coassants, je modulerai quelques notes sans suite pour charmer les rudes oreilles des pionniers de l'avenir.

Que ces feuilles s'enlèvent une à une au souffle du progrès! qu'elles tombent et pourrissent au pied de l'arbre pour le faire grandir, je ne désire rien de plus.

Et qu'on ne vienne pas m'entretenir des dernières luttes, de guerres de partis et de ces choses mesquines pour lesquelles l'homme n'est pas né! C'est assez de mettre la main à la charrette quand elle est embourbée; c'est assez de suivre au pas comme les conscrits le fifre du régiment, quand on combat pour une chose juste, sans engourdir sa pensée en des sujets si tristes, quand la réalité puissante du monde nouveau nous saisit aux cheveux et nous emporte comme l'ange, non plus au pays des songes, mais dans les champs renouvelés par l'industrie. Et maintenant que des lâches ou des bavards nous arrêtent sur ce chemin si droit, et nous disent : As-tu peur? ou veuillent nous égarer en des théories niaises et en des disputes renouvelées du moyen âge sur des sujets usés, à toute cette scolastique moderne, à tous ces radoteurs nouveaux, nous répondrons : Vous avez séché votre gosier et votre cervelle inutilement. Il ne reste que l'œuvre; on juge l'arbre au fruit. Montre ce que tu fais et ce qui reste de toi aux yeux ou dans la mémoire des hommes. As-tu vissé un écrou, planté un arbre, équarri un chêne, ouvert une mine, monté un viaduc, peint une toile, sculpté le paros, modulé une imitation du chant de l'oiseau, dirigé des masses sonores comme l'architecte, les moellons ou les cercles de fer qui relient les cintres de nos gares?

Es-tu de ce temps-ci?

Pas encore! — Tu n'as pas le courage de mettre la main à l'œuvre, tu parles de *statu quo* : il faudrait qu'un autre Josué arrêtât le soleil. — Est-ce une raison pour étouffer le présent entre le passé et l'avenir comme entre deux meules?

Sois au moins de la transition, ménage le passage de l'un à l'autre,

NOUVELLE PRÉFACE.

relie-les tous deux, et inaugure une ère de concorde par des aveux partis du cœur !

Ah ! vienne l'exposition universelle, ce jubilé de l'industrie, et sur ce terrain neutre que les nations et les partis abjurent leurs odieuses rivalités !

A la face de ces grands ressorts de l'activité humaine et de ces miracles ingénieux produits de tant de veilles et de calculs si minutieux ou si grands, que les sceptiques s'inclinent ! Qu'ils tremblent de laisser prendre un pli de leur vêtement ou le bout de leur main sèche dans ces formidables engrenages qui, en un clin d'œil, les broieraient tout entiers ! Qu'ils s'arrêtent de nier le progrès : c'est une manière de nier Dieu.

Ce lyrisme serait hors de saison, si à tous les pas on ne rencontrait des hommes glacés, qui d'ici, qui de là, semblent vouloir arrêter la marche des choses et se font les émissaires de la couardise et de la peur.

Ne faut-il pas tenter d'échauffer un peu cette génération que l'on dit bâtarde, mais qui doit contenir encore quelques gouttes du vieux sang gaulois ?

Pense-t-on que nous soyons résolus, comme on le dit, à entrer en décadence ? Tant pis pour qui le suppose, il est déjà mort ! Mais comme pour nous il n'y a pas mort, mais changement, comme la vie se renouvelle sans cesse et que le champ de blé renaît du fumier, nous faisons peu d'attention à ces plaintes. Nous marchons vers notre tombe, qui est la porte d'une nouvelle vie, le front haut, la main sur le cœur, sans désirer de mourir, parce que personne n'a le droit d'influencer sa destinée par des vœux stériles. Plein de cette foi, nous regardons de côté et d'autre s'il point une fleur de poésie ou d'amour, s'il croît une découverte, s'il brille une nouvelle étoile ; nous nous époumonons à crier : En avant ! jusqu'à ce que notre voix éteinte aille se perdre dans les brises du soir et les harmonies du soleil couchant.

En attendant, les âmes simples continuent à vivre dans leur foi : l'ouvrière à sa besogne, l'ouvrier à son atelier, et l'artiste à son rêve. L'argent n'est plus un but pour eux, mais un petit moyen ! Il cesse d'être la norme suprême de la valeur et le tarif de l'amour. La nature compte quelques adorateurs de plus. Il y a encore des solitaires au milieu du monde qui vivent dans la contemplation du beau et s'efforcent à devenir meilleurs. Il reste quelques anges sur la terre dont le passage laisse après soi le germe des bonnes et belles choses. Ne désespérons pas ! Aimons-nous !

Octobre 1854.   Pierre Dupont.

PRÉFACE.

1859.

Quel contraste entre l'époque où l'auteur a débuté par ses chants rustiques, c'est-à-dire en 1846, et celle où nous vivons aujourd'hui, en 1859!

Alors une jeunesse animée par la voix et par les écrits de ses maîtres s'abandonnait aux plus vifs élans de l'enthousiasme et aux plus séduisantes illusions. Un avenir nouveau allait éclore; l'ardeur des âmes, l'effervescence des esprits, les découvertes de la science, tout le faisait pressentir.

Une heure, en 1848, on put croire que ces théories touchaient à l'application, et ces ineffables rêves se sont brisés sur les roches dures de la réalité.

Depuis, la mort, les dissensions politiques, la guerre, ont décimé et dispersé cette généreuse et poétique phalange, dont les audaces ont été cruellement expiées. Les hommes qui se disent *positifs*, en opposition à ceux qu'ils appellent dédaigneusement des *utopistes*, les hommes d'action et d'entreprise sont entrés dans la lice. Les intérêts matériels ont repris le dessus; l'amour du gain s'est emparé des âmes, et on a vu sans ombre de pudeur un néophyte de la Bourse, reniant impudemment de naïves croyances, faire amende honorable, et brûler son encens au nez de l'insensible veau d'or.

Ce n'est pas que l'idée soit vaincue; ceux mêmes qui ont eu l'air de l'arrêter dans sa marche lui ont demandé son secret, en ont fait leur confidente, on dirait presque leur Égérie.

La liberté de discussion ôtée n'a pas empêché la liberté d'examen. Une foule de questions étudiées et mûries sont arrivées à terme, et ont trouvé leur application.

Pendant que notre pays paraissait absorbé dans des préoccupations d'intérêt purement matériel, le chef d'une nation toujours grandissante a cru l'occasion opportune pour faire un pas en avant et mettre à exécution de gigantesques projets qui lui étaient inspirés par la politique traditionnelle du czar Pierre le Grand. La question d'Orient était le prétexte : la rentrée des chrétiens grecs à Constantinople, la réintégration de la madone de Kiew dans le sanctuaire de Sainte-Sophie, telle était la récompense offerte à l'ambition et au fanatisme du peuple russe.

Cet incident inattendu a réveillé le génie français. Les principes de la sainte alliance des peuples chantés par notre immortel Béranger ont trouvé leur application dans l'alliance franco-anglaise et turco-piémontaise; l'Europe a battu des mains, et la France a repris parmi les peuples le rang qu'elle semblait avoir perdu depuis 1815.

La paix, conclue à notre détriment en apparence, a rendu l'essor à notre industrie et à nos travaux d'intérieur, au point d'exciter en quelque sorte la jalousie de nos rivaux. La question des nationalités soulevée à l'occasion de la guerre de Russie a rendu plus de vie et d'actualité à la question italienne.

Des réfugiés illustres, des hommes d'État éminents, ont secondé ce mouvement, qui pouvait devenir menaçant pour le *statu quo* européen. L'Autriche, se croyant appuyée, a osé franchir le Tessin, pour envahir le Piémont et se rapprocher de nos frontières. Les troupes françaises, sur l'ordre de Napoléon III, ont volé au secours de leur allié. De concert avec l'armée de Victor-Emmanuel et les corps francs de Garibaldi, nos soldats ont refoulé les Autrichiens en leur faisant éprouver des pertes considérables, et ont remporté six fois la victoire dans quatre combats et deux grandes batailles. Les noms de Montebello, Palestro, Turbigo, Magenta, Marignan et Solferino, envoyés à tous les points du monde par les bouches de bronze de la Renommée, ont appris aux plus incrédules que les fils des soldats de la République et de l'Empire n'avaient pas dégénéré.

Puisque l'ambition et les rivalités odieuses font encore de la guerre une loi fatale, il est bon de savoir qu'un peuple doux, adonné aux arts, à l'agriculture, à l'industrie, dont les victoires ne se font pas maudire par l'abus de la conquête, est toujours prêt à porter l'appoint de sa vaillance du côté où il y a oppression et violation du droit.

Que l'Europe serait encore plus tranquille aujourd'hui, si nos voisins d'outre-mer s'étaient souvenus de leurs alliés de l'Alma et d'Inkermann!

De tout temps ils ont soutenu l'Italie de leur parole véhémente et passionnée; au moment du danger, ils se sont retranchés dans une neutralité égoïste.

Si, comme jadis la Pologne, la grande et malheureuse opprimée avait succombé, leurs mains auraient été pures de tout le sang innocent.

Ces réflexions peuvent sembler hors de propos à la tête d'un volume qui ne contient pas de chant ayant trait à la dernière guerre. Elles expliqueront ceux qui ont trait à la guerre de Russie, et remplaceront ou feront attendre le *Chant des Alpes*, l'*Elégie sur la guerre*, et ce que pourront inspirer à une trop faible muse les actions épiques de notre jeune armée d'Italie.

D'ailleurs, j'ai toujours protesté contre l'isolement béat dans la nature et dans l'art pour l'art où des esprits mous et corrompus voudraient reléguer le poëte.

Il est de braves gens qui dépensent un peu d'huile enthousiaste en illuminations le jour d'une victoire, souvent pour être mieux vus dans leur quartier, et qui ne se doutent pas que la lampe vigilante du poëte et de l'écrivain consciencieux entretient comme un feu de vestale le courage et le patriotisme dans le cœur des jeunes générations.

Les dons inestimables de la nature, sa solitude, ses murmures indéfinissables, son inépuisable verdure, ses inspirations, ses fruits, le calme qu'elle répand, sont mieux goûtés, mérités par le combat, non pas seulement celui des champs de bataille, mais par ce grand combat de la vie qui est la condition même de notre existence, qui élève notre but, développe notre intelligence et donne au visage de l'homme cette expression ineffable, cette physionomie qui le met au-dessus de la bête.

Doit-on jamais oublier la campagne, cette immense consolatrice! Je suis sûr que la simple vue d'une fleur, le bourdonnement d'une abeille, le clapotement d'un ruisseau, ont pour l'âme la plus blessée les mêmes vertus curatives que les simples ont pour les membres mutilés.

Dans nos actes les plus importants de la vie civique, ne perdons jamais de vue la nature, l'*alma parens*.

Voilà qu'avec l'air et la végétation, elle pénètre dans nos grandes cités. Le sapin, le pin de Norvége, quittent les versants solitaires et les flancs noirâtres des montagnes couronnées de neige pour venir purifier l'atmosphère de nos villes, et former par leur sombre verdure un contraste vigoureux avec les féeries de l'horticulture moderne enrichie des fleurs des zones les plus variées.

La poésie doit suivre ce mouvement, devenir de plus en plus paysagiste et cosmopolite, sans renier jamais son caractère local, sa virtualité, son amour du sol natal.

Le peuple français a prouvé dans ses dernières luttes qu'en dépit de ses épuisements successifs, il avait encore l'échine solide et un bon bras. Il doit ces résultats à la bonté et à la beauté du sol, à l'esprit et au sang des aïeux, à sa patience, à son travail de plus en plus libre.

Tous les jours on exalte ou on effraye les uns ou les autres par le mot révolution. Dans les grandes crises déterminées par le malaise du peuple, l'énergie de la nation s'est portée jusqu'à des actes qui sont l'effroi des mères et la terreur des gens tranquilles. Ne prononçons pas ce mot-là hors de propos, et ne faisons pas remonter notre histoire seulement à 89, qui a été le résultat des travaux antérieurs. Il y a un esprit français, un génie français, une âme française. Tous ceux qui nous ont précédés dans les diverses carrières où s'exerce l'activité humaine ont remué le champ, l'ont fécondé. Il en est sorti des fruits merveilleux, et une génération libre qui unit à l'amour des Gaulois pour l'indépendance le sentiment de la plus exquise civilisation développé par l'étude des lettres classiques et chrétiennes, et adouci par une tradition féminine qui remonte aux cours d'amour du moyen âge. Il y a là des titres suffisants à faire figure dans le monde, à y revendiquer son droit.

Mais comme le sentiment exclusif du droit individuel dégénère en égoïsme, avec l'étude tous les jours plus approfondie et plus simplifiée de la morale, nous arrivons à faire abnégation de nous-mêmes, et à rechercher un équilibre plus parfait entre les différents membres de la société humaine. L'élite des hommes d'aujourd'hui en est venue à n'estimer que les services rendus et à ne priser que les satisfactions de la conscience.

Cela est bon à penser, à dire et à répandre. Une nation qui a de telles bases n'est pas à la veille de sa décadence.

Continuons donc à chanter l'activité humaine en ce qu'elle a d'utile et d'élevé, dans l'artisan, dans le savant, dans l'artiste; le dévouement dans tous. Aérons l'atelier et le laboratoire; faisons arriver la mélodie jusqu'à l'échoppe et au sillon; chantons les grâces, charme de la vie si brève pour tant d'êtres que nous avons connus et sincèrement aimés sans phrases. Enlaçons au feuillage mâle des chênes les branches flexibles et gracieuses du myrte et du rosier. Persévérons dans l'amour du bon, du beau, du vrai; notre récompense sera d'en recueillir quelques baies égarées dans nos sentiers humains, en attendant qu'il nous soit donné de découvrir et de cueillir le véritable fruit de vie.

Saint-Brice près Provins, 1er août 1859.

PIERRE DUPONT.

LE PATURAGE.

CHANTS ET CHANSONS

DE

PIERRE DUPONT.

LE PATURAGE.

Dans les grands prés qu'on voit s'étendre
Entrecoupés de saules bleus,
Au long du fleuve, il faut entendre
Mugir les vaches et les bœufs,
De nuances tachant la plaine,
De roux, de gris, de noir, de blanc :
Leur queue avec son bout de laine
Chasse les mouches de leur flanc.

Pendant que berger et bergère
Se font des niches pour se plaire
Sous les saules du bord de l'eau,
Un autre en profite pour traire
Leur plus belle vache laitière,
En se cachant dans le troupeau.

L'œil vague, les cornes tordues
Ne prennent un air menaçant
Que si les oreilles tendues
Annoncent un danger pressant.
Le muffle est luisant, la mâchoire
Broute, rumine et va toujours,
Si ce n'est au moment de boire;
Le fanon pend, les pieds sont courts.

Pendant que berger et bergère
Se font des niches pour se plaire
Sous les saules du bord de l'eau,
Un autre en profite pour traire
Leur plus belle vache laitière,
En se cachant dans le troupeau.

Autour des grands troupeaux qui paissent
On voit les oiseaux voleter;
Les dents des ruminants leur laissent
De petits vers à becqueter.
Un essaim de bergeronnettes
Naît des pas de chaque animal,
Comme si de ces nobles bêtes
Elles ne craignaient aucun mal.

Pendant que berger et bergère
Se font des niches pour se plaire
Sous les saules du bord de l'eau,
Un autre en profite pour traire
Leur plus belle vache laitière,
En se cachant dans le troupeau.

Le veau fait une cabriole,
Le taureau, les yeux pleins de sang,
A cru voir une banderole
Dans la cravate d'un passant.
Il se jette sur la génisse;
Pendant que l'herbe au bœuf déplaît,
La vache, tous les ans nourrice,
Traîne ses pis gonflés de lait.

Pendant que berger et bergère
Se font des niches pour se plaire
Sous les saules du bord de l'eau,
Un autre en profite pour traire

Leur plus belle vache laitière,
En se cachant dans le troupeau.

Quand la bête a son poids de graisse,
Elle tombe aux mains du boucher,
Qui la tue et qui la dépèce,
Ayant eu soin de l'écorcher.
Les os, les nerfs, la corne, utiles,
Entre les mains des ouvriers,
Se façonnent en ustensiles,
Et du cuir on fait les souliers.

Pendant que berger et bergère
Se font des niches pour se plaire
Sous les saules du bord de l'eau,
Un autre en profite pour traire
Leur plus belle vache laitière,
En se cachant dans le troupeau.

Apprenons de ces belles bêtes
Le calme à l'heure de mourir :
Quand la masse brise leurs têtes,
Elles ne semblent point souffrir.
Le soir couvre le pâturage,
Le troupeau sort de l'abreuvoir,
Et Jeanne en son rouge corsage
Le chasse à l'étable : bonsoir !

Pendant que berger et bergère
Se font des niches pour se plaire
Sous les saules du bord de l'eau,
Un autre en profite pour traire
Leur plus belle vache laitière,
En se cachant dans le troupeau.

LE PATURAGE.

PARIS. TYP. H. PLON.

À BÉRANGER

A BÉRANGER*.

Air du vieux sergent.

A Béranger, notre vieux chef de file,
Nous devons tous le tribut de nos airs;
Depuis trente ans la campagne et la ville
Savent par cœur et fredonnent ses vers;
De la Chanson il porte la couronne,
Faite de lierre et d'antique laurier;
J'y vois du pampre et la rose y boutonne;
Amis, chantons notre vieux chansonnier!

Enfant encore, il vit un bel orage,
Quatre-vingt-neuf, la révolution,
Et, parmi nous, survivant d'un autre âge,
Il tient l'anneau de la tradition.
Contre l'erreur, toujours prête à renaître,
Plus de trente ans on l'a vu guerroyer;
Son esprit fier n'a pas connu de maître;
Amis, chantons notre vieux chansonnier!

De nos revers il a chanté l'histoire
Et le héros à Waterloo tombé;

* Chanté par l'auteur à Béranger en 1851.

On dit qu'il a galvanisé sa gloire
Qui sommeillait dans un cercueil plombé;
Mais il s'est tu depuis, et son silence,
Quand tant de gens s'épuisent à crier,
Dit à l'histoire assez haut ce qu'il pense.
Amis, chantons notre vieux chansonnier!

Si son aïeul, tailleur, fit des coutures,
Lui, décousait les habits galonnés;
Il a puni toutes vos forfaitures,
Gens de justice, et vous riait au nez;
Vous le faisiez asseoir sur vos sellettes,
Sans lui, le temps allait vous oublier,
Quand vous osiez juger ses chansonnettes.
Amis, chantons notre vieux chansonnier!

Quand il frappait sur Tartuffe et Basile,
Ces bons messieurs, pleins de componction,
A tout venant répétaient par la ville
Qu'il s'attaquait à la religion.
Pour son malheur, parfois elle s'habille
Des oripeaux qu'il a su balayer;
De plus d'éclat toute nue elle brille.
Amis, chantons notre vieux chansonnier!

Mais revenons à cette bonhomie
Qui dans nos cœurs fera vivre ses traits;
Rappelons-nous Lisette, cette amie,
Dont il a peint de si légers portraits.
Revoyons-le buvant sous les tonnelles
Le vin du broc sans se faire prier,
Chantant le peuple ou la France ou les belles.
Amis, chantons notre vieux chansonnier!

Amis, chantons surtout le Fou sublime
Que l'avenir baigne de ses lueurs,
Qui, dans ses vers, voit se fermer l'abîme
Et se tarir la source de nos pleurs.
Béranger pauvre est bien de la famille
De ces rêveurs que l'on voudrait nier;
Près de leurs noms son étoile scintille;
Amis, chantons notre vieux chansonnier!

A BÉRANGER.

Andantino.

A Bé-ran-ger, no-tre vieux chef de fi-le, Nous devons tous le tri-but de nos airs. Depuis trente ans la campagne et la vil-le Savent par cœur et fredonnent ses vers. De la chan-son il por-te la cou-ron-ne, Fai-te de lierre et d'an-ti-que lau-rier; J'y vois du pampre et la rose y bou-ton-ne, A-mis, chan-tons no-tre vieux chanson-nier; J'y vois du pampre et la rose y bou-ton-ne, A-mis, chan-tons no-tre vieux chanson-nier, A-mis, chan-tons no-tre vieux chan-son-nier! A Bé-ran-

2ᵉ COUPLET.

PARIS. TYP. H. PLON.

LES CERISES

LES CERISES.

La nuit s'enfuit d'un pied léger,
N'effleurant que du bout de l'aile
Les coteaux qu'on voit s'oranger
Aux lueurs de l'aube nouvelle:
Les grands chemins sont poudroyants,
Du voyageur la soif s'irrite,
Du sein des rameaux verdoyants
La cerise rouge l'invite.

Quelle chance pour les oiseaux !
Pour les enfants quelles surprises!
Les pentes vertes des coteaux
Sont toutes rouges de cerises.

Dans ces feuilles, à plein gosier,
Il semble qu'on jase et qu'on rie;
Pour les oiseaux un cerisier
Est une bonne hôtellerie.
De ce jaune chardonneret,
Gorgé de vermeille cerise,
Le chant semble plus guilleret;
Ne dirait-on pas qu'il se grise?

Quelle chance pour les oiseaux !
Pour les enfants quelles surprises !
Les pentes vertes des coteaux
Sont toutes rouges de cerises.

Du beau cerisier rougissant,
Des bambins la troupe s'empare ;
Ils se déchirent jusqu'au sang,
Se bousculent sans crier gare.
Mal peignés, querelleurs, joufflus,
Leur poids fait craquer le branchage :
Pour quelques cerises de plus,
On brave la mort à cet âge.

Quelle chance pour les oiseaux !
Pour les enfants quelles surprises !
Les pentes vertes des coteaux
Sont toutes rouges de cerises.

L'ombre s'étend sur les vallons,
Viens sous le cerisier, ma belle !
J'ai taillé les blancs échelons
Moi-même, et j'ai dressé l'échelle.
Te souvient-il du jour d'été
Où nos âmes se sont éprises
L'une de l'autre, ô ma beauté !
Un soir, en cueillant des cerises ?

Quelle chance pour les oiseaux !
Pour les enfants quelles surprises !
Les pentes vertes des coteaux
Sont toutes rouges de cerises.

Pour nos enfants tes doigts, plus tard,
Pétriront avec la farine
Les cerises, dont ton regard
Aime la couleur purpurine,
Et quand un hôte nous viendra,
En souvenir de cette histoire,
Ta blanche main lui versera
Le vieux kirsch de la Forêt-Noire.

Quelle chance pour les oiseaux!
Pour les enfants quelles surprises!
Les pentes vertes des coteaux
Sont toutes rouges de cerises.

LES CERISES.

PARIS. TYP. H. PLON.

LES CORBEAUX

LES CORBEAUX.

Dans un site âpre où nulle herbe ne croît,
Le sol étant de roches et de sable,
Où le climat toujours brûlant ou froid
Rend la contrée à l'homme inhabitable ;
Sur un sommet règne une vieille tour
Démantelée, illustre dans l'histoire,
De cris lointains effrayant l'alentour :
Là de corbeaux loge une bande noire.

    Que disent les croassements
    De ces funèbres centenaires ?
    Ils sèment les pressentiments
    Et parlent de nos vieilles guerres.

De ces corbeaux je vois sur le ciel bleu
Se détacher les sombres silhouettes ;
Comme une armée ils ne changent de lieu
Qu'en ayant soin de placer des vedettes.

Leur instinct sûr, aux champs les plus lointains,
Pressent au bruit, à l'odeur de la poudre,
Quand les soldats vont en venir aux mains ;
Droit au cadavre ils vont comme la foudre.

Quand leur curée est faite abondamment,
Aux vents du ciel déployant leur grande aile,
Dans cette tour, ils rentrent lentement,
Bravant frimas, vents, neige, pluie et grêle :
Ils font leurs œufs, élèvent leurs petits,
Dans les prés verts vont picorer en bandes,
Entretenant leurs sanglants appétits
Par le récit des plus sombres légendes.

En remontant par le fil des aïeux
Aux grands combats des époques lointaines,
Que n'ont-ils pas, à la face des cieux,
Vu s'égorger de peuplades humaines !
Les Grecs d'abord et les Romains plus tard
Ont à leurs becs opposé leurs cuirasses ;
Il leur souvient d'Alexandre et César
Dont ils flairaient avidement les traces.

La guerre va comme un flot grossissant ;
Toute l'Europe est vouée au carnage.
L'histoire n'est qu'une trace de sang
Du Bas-Empire au sombre moyen âge ;
Tous les beffrois des villes ont sonné.
Clairons, tambours, chantez des airs de fête !
Le canon sourd dans les airs a tonné ;
Venez, corbeaux, votre festin s'apprête.

Gloire au canon ! Il éclaire la nuit
Où nous étions plongés, il rivalise
Avec le livre, et bien mieux nous instruit;
Même en tuant, peuples, il civilise.
Nécessité qui fais tant de lambeaux
De notre chair, ô loi dure et fatale,
Jusques à quand verrons-nous les corbeaux
Exécuter ta sentence brutale?

    Que disent les croassements
    De ces funèbres centenaires?
    Ils sèment les pressentiments
    Et parlent de nos vieilles guerres.

LES TROIS GRÂCES

LES TROIS GRACES.

Un jour, dans ma jeune saison,
J'allais des vallons aux collines,
Cherchant le bout de l'horizon;
J'entrevis trois formes divines
Sous un bois demi-ténébreux :
C'étaient de vivantes statues,
Elles dansaient demi-vêtues;
Des trois sœurs je fus amoureux.

Oh! vous les avez rencontrées,
Égayant nos âpres chemins,
Jetant les fleurs à pleines mains,
Mes trois célestes adorées.

Une avait les cheveux châtains,
Une était brune et l'autre blonde,
M'agaçant de leurs pieds mutins,
Les trois sœurs menaient une ronde;
Leurs pieds s'entre-choquaient entre eux :
Pour mieux mesurer la cadence,
Mon cœur allait avec la danse,
De leurs trois rhythmes amoureux.

Oh ! vous les avez rencontrées,
Égayant nos âpres chemins,
Jetant les fleurs à pleines mains,
Mes trois célestes adorées.

Dans leurs cheveux brillaient trois fleurs,
Trois fleurs que l'on aime isolées,
Mais dont les célestes couleurs
Contrastent mieux étant mêlées :
Le lis, astre tombé des cieux,
Les roses et les violettes,
Rayon des divines palettes ;
Des trois fleurs j'étais amoureux.

Oh ! vous les avez rencontrées,
Égayant nos âpres chemins,
Jetant les fleurs à pleines mains,
Mes trois célestes adorées.

Leurs trois chants formaient un accord,
Et se heurtant sans choc bizarre,
Se mariaient comme le cor
Avec la flûte et la guitare.
Leurs voix, ensemble harmonieux,
Étaient comme elles nuancées,
Comme leurs mains entrelacées ;
Des trois voix j'étais amoureux.

Oh ! vous les avez rencontrées,
Égayant nos âpres chemins,
Jetant les fleurs à pleines mains,
Mes trois célestes adorées.

Ces trois sœurs, qui dansaient en rond,
Me voyant, rompirent leur chaîne,
Et vinrent me baiser au front :
Je sens encor leur douce haleine,
Le doux parfum de leurs cheveux.
Grâces, qu'êtes-vous devenues?
Toutes trois, fuyant vers les nues,
Ont délaissé leur amoureux.

Oh! vous les avez rencontrées,
Égayant nos âpres chemins,
Jetant les fleurs à pleines mains,
Mes trois célestes adorées.

LA FILLE DES CHAMPS

LA FILLE DES CHAMPS.

Fauve sous son chapeau de paille
Qui garde à peine son cou blanc,
Sans nul relâche elle travaille;
La fatigue a maigri son flanc.
Son bleu sarreau de grosse toile
Laisse voir ses jambes à nu;
Sur ses doux yeux s'étend un voile,
Un nuage du cœur venu.

Guêpes, vipères, doux langage
Que suivent les propos méchants,
Ne troublez pas dans son ouvrage
    La fille des champs!

Avec l'aube elle se réveille,
Tord vaillamment son chignon lourd,
Et s'en va, diligente abeille,
Vaquer à tous les soins du jour:
Compte les œufs, court à l'étable,
Trait les vaches, donne le foin,
Et, providence véritable,
A ses oiseaux jette le grain.

Guêpes, vipères, doux langage
Que suivent les propos méchants,
Ne troublez pas dans son ouvrage
　　La fille des champs !

Un fichu noué sur l'épaule,
Mordant un morceau de pain noir,
Elle chasse avec une gaule
Tout son bétail vers l'abreuvoir.
Elle guette au passage et compte
Les vaches lentes, les grands bœufs ;
Le taureau dru, que nul ne dompte,
Devant elle roule ses yeux.

Guêpes, vipères, doux langage
Que suivent les propos méchants,
Ne troublez pas dans son ouvrage
　　La fille des champs !

Que sa journée est accablante
Et longue pendant la moisson !
Sa joue est toute ruisselante,
L'air lourd étouffe sa chanson.
La besogne avec le temps change,
Et les jours deviennent plus doux :
Elle s'égaye à la vendange,
Et parfois y trouve un époux.

Guêpes, vipères, doux langage
Que suivent les propos méchants,
Ne troublez pas dans son ouvrage
　　La fille des champs !

Mais le bonheur de la bergère
Est de veiller sur son troupeau,
Assise à filer quand il erre,
En répétant un air nouveau.
Les oiseaux chantent avec elle,
Et se plaisent à la charmer !
Aux champs que la bergère est belle !
S'il passe un cœur, il va l'aimer.

Guêpes, vipères, doux langage
Que suivent les propos méchants,
Ne troublez pas dans son ouvrage
   La fille des champs !

LA FILLE DES CHAMPS.

PARIS. TYP. H. PLON.

LE PRÉLUDE

LE PRÉLUDE.

Amis, il faut chanter encore,
Pour charmer le temps qui s'enfuit;
On voit toujours poindre une aurore
Au sein de la plus sombre nuit.

De mes pipeaux, de ma vieille musette,
Mon souffle grêle a su tirer des sons,
Et maintes fois, embouchant la trompette,
J'ai fait vibrer la foule à mes chansons;
Lassé déjà, si mon souffle moins rude
Enfle au hasard l'un et l'autre instrument,
Mes chants mûris par l'âge ou par l'étude
Respireront le même sentiment.

Amis, il faut chanter encore,
Pour charmer le temps qui s'enfuit;
On voit toujours poindre une aurore
Au sein de la plus sombre nuit.

Amis, chantons de l'aube à la nuit brune
Les dons sacrés que le ciel nous départ,
Et réclamons d'une voix importune
Pour que chacun bientôt en ait sa part.

Ennoblissons le travail qui féconde
Le sol aride, et fait, dans l'atelier,
De la matière éclore un nouveau monde
Par les sueurs et l'art de l'ouvrier.

 Amis, il faut chanter encore,
 Pour charmer le temps qui s'enfuit;
 On voit toujours poindre une aurore
 Au sein de la plus sombre nuit.

Amis, chantons la science inventive
Qui d'heure en heure active le progrès,
Et dit : Je veux que tout le monde vive,
De la nature éventant les secrets.
Gloire au savant penché sur sa cornue,
Dont le calcul pèse chaque élément,
Et dont l'œil d'aigle au-dessus de la nue
Sait découvrir les lois du mouvement.

 Amis, il faut chanter encore,
 Pour charmer le temps qui s'enfuit;
 On voit toujours poindre une aurore
 Au sein de la plus sombre nuit.

Rendons honneur à l'artiste sincère
Dont le crayon, la lyre ou le ciseau,
Dans l'harmonie et la pure lumière
Font entrevoir à l'homme un jour plus beau,
Qui du réel à l'idéal promène
Sa fantaisie aux longues ailes d'or
Et, sur sa trace, éblouis nous entraîne
Du chaume obscur aux clartés du Thabor.

Amis, il faut chanter encore,
Pour charmer le temps qui s'enfuit;
On voit toujours poindre une aurore
Au sein de la plus sombre nuit.

Amis, chantons la moderne alchimie
Qui change en or le sable et le rocher,
Et des humains fait une race amie,
Les condamnant tous à se rapprocher.
En attendant cette calme victoire,
Qui ne devrait coûter aucun trépas,
Chantons le vin tant qu'ils n'ont pas à boire,
Chantons l'amour tant qu'ils ne s'aiment pas.

Amis, il faut chanter encore,
Pour charmer le temps qui s'enfuit;
On voit toujours poindre une aurore
Au sein de la plus sombre nuit.

Chantons la terre, et de notre planète,
Dont les contours désormais sont connus,
Prophétisons la prochaine conquête
Par le progrès et les dieux inconnus.
Trombe de feu, la vapeur nous disperse
Aux lieux déserts comme des grains de blé;
L'agriculture appelle le commerce,
L'art fleurira quand tout sera peuplé.

Amis, il faut chanter encore
Pour charmer le temps qui s'enfuit;
On voit toujours poindre une aurore
Au sein de la plus sombre nuit.

LE PRÉLUDE.

LA TROMPE DE CHASSE

LA TROMPE DE CHASSE.

Mon cœur éclate mécontent :
Apportez ma trompe de chasse,
Que je joue un air palpitant,
Plein de colère et de menace !
    Pleure ton baron,
     Ma trompe de chasse !
Il a vu ternir son plus beau fleuron,
   Et meurt en criant : Grâce !
    Pleure ton baron,
     Ma trompe de chasse !

Lâchez tous les chiens du chenil,
Et que leur meute bigarrée,
Tant que je n'aurai pas fini,
Hurle comme pour la curée !
    Pleure ton baron, etc.

Tête basse et la queue en l'air,
Les voilà tous sous ma fenêtre.
Inspire-moi, doux Lucifer,
Ton air le plus doux, ô mon maître!
  Pleure ton baron, etc.

Inspire-moi des sons fêlés
A faire pâlir les comètes,
A faire pleuvoir sur les blés
Du sang, comme au bruit des trompettes.
  Pleure ton baron, etc.

Derrière mes mâchecoulis
Et sous l'abri de mes tourelles,
Grandissait une fleur de lis :
Ma fille, belle entre les belles.
  Pleure ton baron, etc.

Tous mes trésors me sont ravis,
Dérouillez-vous, mes vieilles armes!
On a su faire un pont-levis
Avec de l'or jusqu'à ses charmes!
  Pleure ton baron, etc.

Elle a suivi je ne sais où
Un haut baron de la finance.
Mon sang noir afflue à mon cou,
Ma tête blanche entre en démence!
  Pleure ton baron, etc.

Mes chiens! mon cœur est trépassé,
Venez, fouillez dans ma poitrine,
Il ne bat plus, il est glacé.
Enterrez-le sous la colline!
  Pleure ton baron, etc.

Hurlez trois jours, hurlez trois nuits;
Criez au soleil, à la lune,
A tous les astres, que je suis
Mort de douleur, mais sans rancune.
    Pleure ton baron, etc.

Si par hasard vous rencontrez
Celle qui pour de l'or se donne,
Chiens fidèles, vous lui direz :
Ton père est mort, il te pardonne!
    Pleure ton baron,
    Ma trompe de chasse!
Il a vu ternir son plus beau fleuron,
    Et meurt en criant : Grâce!
    Pleure ton baron,
    Ma trompe de chasse!

LA TROMPE DE CHASSE.

Mon cœur. é - cla - te mé - con - tent: Ap - por - tez ma trom - pe de chas - se! Que je joue un air pal - pi - tant, Plein de co - lère et de me - na - ce. Pleu - re ton ba - ron, Ma trompe de chasse! Il a vu ter - nir son plus beau fleu - ron, Et meurt en cri - ant: Grâ - ce! Pleu - re ton ba - ron, Ma trom - pe de chas - se!

PARIS. TYP. H. PLON.

LE LIVRE.

LE LIVRE.

Dans les jasmins en fleur, sous la vigne grimpante,
Mon amie est assise, un beau livre à la main ;
Sous ses cheveux soyeux sa joue est rougissante,
Et sous le blanc linon je vois battre son sein.

    Le doux livre
    Qui l'enivre
  Et lui cause tant d'émoi,
   Lui parle-t-il de moi ?

Dans les rayons du soir sa forme se dessine ;
Comme la fleur du lin, l'œil bleu dans l'or des cils
Voilant l'émotion que mon regard devine,
Éclaire vaguement le plus pur des profils.

    Le doux livre
    Qui l'enivre
  Et lui cause tant d'émoi,
   Lui parle-t-il de moi ?

Le front méditatif sur le livre se penche
Et fait se replier le cou pur comme un lis;
Son pied vif et charmant point sous sa robe blanche,
Dont la brise dérange et rajuste les plis.

Le doux livre
Qui l'enivre
Et lui cause tant d'émoi,
Lui parle-t-il de moi?

Ses doigts blancs et rosés semblent ceux de l'aurore :
Le livre lumineux où je les vois errer
De reflets chatoyants les rougit ou les dore.
Sait-elle que je suis tremblant à l'admirer?

Le doux livre
Qui l'enivre
Et lui cause tant d'émoi,
Lui parle-t-il de moi?

Le livre où ton regard avec amour se pose,
Est-ce le Livre saint, le double Testament?
Est-ce un poëme antique, ou l'œuvre fraîche éclose
En un jeune cerveau d'un naïf sentiment?

Le doux livre
Qui l'enivre
Et lui cause tant d'émoi,
Lui parle-t-il de moi?

Quel qu'il soit, je l'arrache à ta douce lecture,
Ce livre dont mes yeux et mon cœur sont jaloux.

Respire ces jasmins, regarde la nature,
Relève tes yeux bleus, je suis à tes genoux.

  Le doux livre
  Qui l'enivre
 Et lui cause tant d'émoi,
 Lui parle-t-il de moi ?

LE LIVRE.

MUSIQUE DE M. CH. LECORBEILLER.

LES ABEILLES

LES ABEILLES.

Quand de sa baguette de fée
L'aurore a touché l'horizon,
A ses feux bientôt échauffée,
La ruche fait entendre un son ;
Ses bourdonnantes ouvrières
Ouvrent, secouant le sommeil,
Leur aile argentée aux lumières
Qu'allume le nouveau soleil.

 Diligentes abeilles,
  Dans les prés, dans les treilles,
Dans les fleurs qu'irise le ciel,
  Butinez, étincelantes,
  Les sucs les plus purs des plantes,
Qui font le miel, qui font le miel.

Et des sommets touffus aux plaines,
Sur chaque tige qui fleurit,
A ces matinales haleines,
Se fait entendre un léger bruit :
Ce sont des cadences coupées,
Des tremblements de violon
Que les abeilles occupées
Font en récoltant le miel blond.

 Diligentes abeilles, etc.

Comme une ouvrière, l'abeille,
Si de près on veut l'observer,
A sa brosse avec sa corbeille,
Pour amasser et conserver;
Avec ardeur elle s'attache
Aux petites lèvres des fleurs,
Dans leur poussière elle se cache,
Et leur prend les sucs les meilleurs.

  Diligentes abeilles, etc.

Trèfle, serpolet, saxifrages,
Gerbes d'or, tilleul, oranger,
Fleurs des jardins et fleurs sauvages,
Elles sauront tout mélanger;
Gardez-les de la tithymale
Et de tous les sucs vénéneux,
Comme de l'orage et du hâle,
Du froid et du temps pluvieux.

  Diligentes abeilles, etc.

Préservez-les de toute embûche
D'oiseaux, frelons et papillons,
Car c'est un trésor, une ruche
Pleine de ses fauves rayons;
Si le vin pur nous fortifie,
Le miel contient un doux esprit
Qui, bien portants, nous purifie,
Et qui, malades, nous guérit.

  Diligentes abeilles, etc.

Sous la paille de sa toiture,
La ruche a son gouvernement,
Ses castes, son architecture,
Même on y combat fréquemment ;
Jadis, pour les seules abeilles
Le mont Hymette avait des fleurs,
Et la Fable de cent merveilles
A su poétiser leurs mœurs.

    Diligentes abeilles, etc.

Mais les abeilles sont bannies :
La betterave en nos guérets,
La canne à sucre aux colonies,
Les exilent dans les forêts ;
Ah ! que ce miel si doux alterne
Avec le sucre plus nouveau,
L'antique est père du moderne,
L'utile n'exclut pas le beau.

    Diligentes abeilles,
  Dans les prés, dans les treilles,
Dans les fleurs qu'irise le ciel,
    Butinez, étincelantes,
  Les sucs les plus purs des plantes,
Qui font le miel, qui font le miel.

MADELEINE.

MADELAINE.

Pourquoi ce cilice de laine?
Pourquoi ces cheveux détachés?
Pourquoi pleurer, ô Madelaine,
A faire fendre les rochers?

Je pleure parce que je pleure;
Mon seul bonheur est de pleurer;
Il faudra bientôt que je meure;
Je voudrais me voir enterrer
Toute parée et toute belle
Dans un costume étincelant,
Avec ma robe de dentelle
Et mes souliers de satin blanc.

Pourquoi ce cilice de laine?
Pourquoi ces cheveux détachés?
Pourquoi pleurer, ô Madelaine,
A faire fendre les rochers?

Je voudrais dormir dans ma bière
Avec mes colliers de corail
Et mes bijoux où fine pierre
S'enchâsse en un riche travail ;
Avec ma chevelure noire,
Noire comme un manteau de deuil,
Et me voir comme un Christ d'ivoire,
Dormir blanche dans mon cercueil.

Pourquoi ce cilice de laine ?
Pourquoi ces cheveux détachés ?
Pourquoi pleurer, ô Madelaine,
A faire fendre les rochers ?

Je voudrais dormir sous la mousse
Au champ silencieux des morts,
Sans plus ressentir la secousse
Ni des regrets ni des remords.
Pourquoi des remords quand mon âme
Ne fut coupable que d'aimer ?
Divine mort, éteins la flamme
Dont mon cœur se sent consumer.

Pourquoi ce cilice de laine ?
Pourquoi ces cheveux détachés ?
Pourquoi pleurer, ô Madelaine,
A faire fendre les rochers ?

MADELAINE.

LES ORTIES

LES ORTIES.

Dans les touffes d'orties
S'abrite un nid de fleurs
Où chantent assorties
Sept diverses couleurs :
Bleu, blanc, rouge, amarante,
Orange, rose et vert,
Harmonie enivrante,
Ineffable concert.

Sous sa feuille soyeuse,
L'ortie a du venin
Pour la main curieuse
Qui touche au nid divin.

Un enfant vient qui rôde
Et voudrait le saisir ;
L'azur ou l'émeraude
Excitent son désir ;

L'or, l'argent ou l'orange,
Améthyste ou carmin ;
La feuille qu'il dérange
A fait enfler sa main.

Sous sa feuille soyeuse,
L'ortie a du venin
Pour la main curieuse
Qui touche au nid divin.

Enfants, rêveurs, artistes
Y viennent tour à tour
Et s'en retournent tristes ;
A la fin vient l'Amour ;
L'Amour, ce doux espiègle,
Courageux ou rampant,
Plus rapide que l'aigle,
Plus fin que le serpent.

L'ortie est menaçante,
Mais n'a plus de venin
Quand l'Amour se présente
Et touche au nid divin.

Car l'Amour est lumière
Car l'Amour est chaleur,
Et par lui la matière
S'anime et prend couleur.
Marbres, poëmes, toiles
Par l'Amour inspirés,
Vous êtes des étoiles,
Longtemps vous brillerez.

L'ortie est menaçante,
Mais n'a plus de venin
Quand l'Amour se présente
Et touche au nid divin.

LES ORTIES.

Allegretto.

Dans les touf-fes d'or - ti - es S'a-brite un nid de fleurs, Où chan-tent, as-sor- ti - es, Sept di-ver-ses cou- leurs: Bleu, blanc, rouge, a-ma-ran-the, O-ran-ge, rose et vert, Har-mo-nie en-i-vran-te, In-ef-fa-ble con- cert.

REFRAIN.

Sous sa feuil-le soy-eu-se, L'or-tie a du ve-rit. nin Pour la main cu-ri-eu-se Qui touche au nid di-vin.

PARIS. TYP. H. PLON.

LE SCIEUR DE LONG

LE SCIEUR DE LONG.

Manger une soupière
De soupe de bon pain,
Où tienne la cuillère
Droite comme un sapin;
Ajouter pour doublure
De vin rouge un plein bord.
Cela met en allure
Quand, du matin, l'on sort.

De peu je me soucie,
Pauvre scieur de long,
Tant que j'entends ma scie
Chanter dans le vallon.

D'abord on prend sa hache,
Et han! d'un coup de voix
Et d'épaule on détache
Les écorces du bois.
La hache est meurtrière,
L'adroit scieur de long,
Les deux pieds en équerre,
La fait tomber d'aplomb.

De peu je me soucie,
Pauvre scieur de long,
Tant que j'entends ma scie
Chanter dans le vallon.

La poutre est dégrossie;
On trace pour y voir
Un passage à la scie
Au cordeau rouge ou noir.
Il faut pour mettre en place
Les grands quartiers de bois,
Des hommes de la race
Des chevaux d'autrefois.

De peu je me soucie,
Pauvre scieur de long,
Tant que j'entends ma scie
Chanter dans le vallon.

Arrivons à la scie;
Elle est d'un bon acier,
Mais pas trop dégrossie
Pour ce qu'il faut scier;
Mais avant qu'on la dresse
On la lime avec art;
Pour finir on la graisse
D'une couenne de lard.

De peu je me soucie,
Pauvre scieur de long,
Tant que j'entends ma scie
Chanter dans le vallon.

L'un des compagnons monte
Comme sur l'échafaud,
Mais il n'a pas de honte
A regarder d'en haut.
La scie avance et glisse
En chantant comme un geai;
Avouons sans malice
Que son chant n'est pas gai.

De peu je me soucie,
Pauvre scieur de long,
Tant que j'entends ma scie
Chanter dans le vallon.

A deux on fait les planches,
L'un dessus, l'autre en bas;
A détirer ses hanches
On ne se lasse pas;
Sciant sapins et chênes,
Le bois blanc, le bois dur,
On gagne pour ses peines
Peu d'argent, mais c'est sûr.

De peu je me soucie,
Pauvre scieur de long,
Tant que j'entends ma scie
Chanter dans le vallon.

Tout l'argent que l'on gagne
On l'envoie au pays,
A la chère montagne,
A la femme, aux petits.
On porte une culotte
En velours de coton
Et des bas que tricote
En hiver Jeanneton.

De peu je me soucie,
Pauvre scieur de long,
Tant que j'entends ma scie
Chanter dans le vallon.

LE SCIEUR DE LONG.

LA DANSE

LA DANSE.

Ah! que la vie est brève!
C'est tout au plus un rêve;
Jouissons du moment
    Rondement.

La danse précipite
La paresse du sang;
On croit vivre plus vite,
    En dansant.

Ah! que la vie est brève!
C'est tout au plus un rêve;
Jouissons du moment
    Rondement.

L'Espagne et l'Italie
Ont fait des nuits le jour;
Aux Français la folie
    A leur tour.

Ah! que la vie est brève!
C'est tout au plus un rêve
Jouissons du moment
    Rondement.

Au gré des belles filles,
Boleros, fandangos,
Menuets et quadrilles
　　Sont égaux.

Ah! que la vie est brève!
C'est tout au plus un rêve;
Jouissons du moment
　　Rondement.

Nulle n'est préférée
Par nos joyeux danseurs;
Polka, valse et bourrée
　　Sont des sœurs.

Ah! que la vie est brève!
C'est tout au plus un rêve;
Jouissons du moment
　　Rondement.

Mais la trombe menace;
Voyez monter le flot;
Désœuvrés, faites place
　　Au galop.

Ah! que la vie est brève!
C'est tout au plus un rêve;
Jouissons du moment
　　Rondement.

En vous livrant, Mesdames,
Aux bras de vos valseurs,
Gardez vos yeux, vos âmes
　　Et vos cœurs.

Ah! que la vie est brève!
C'est tout'au plus un rêve,
Jouissons du moment
   Rondement.

Que fais-tu là, pauvrette?
Prends garde à ta vertu;
Satan rôde et te guette :
   Le vois-tu?

Ah! que la vie est brève!
C'est tout au plus un rêve;
Jouissons du moment
   Rondement.

LA DANSE.

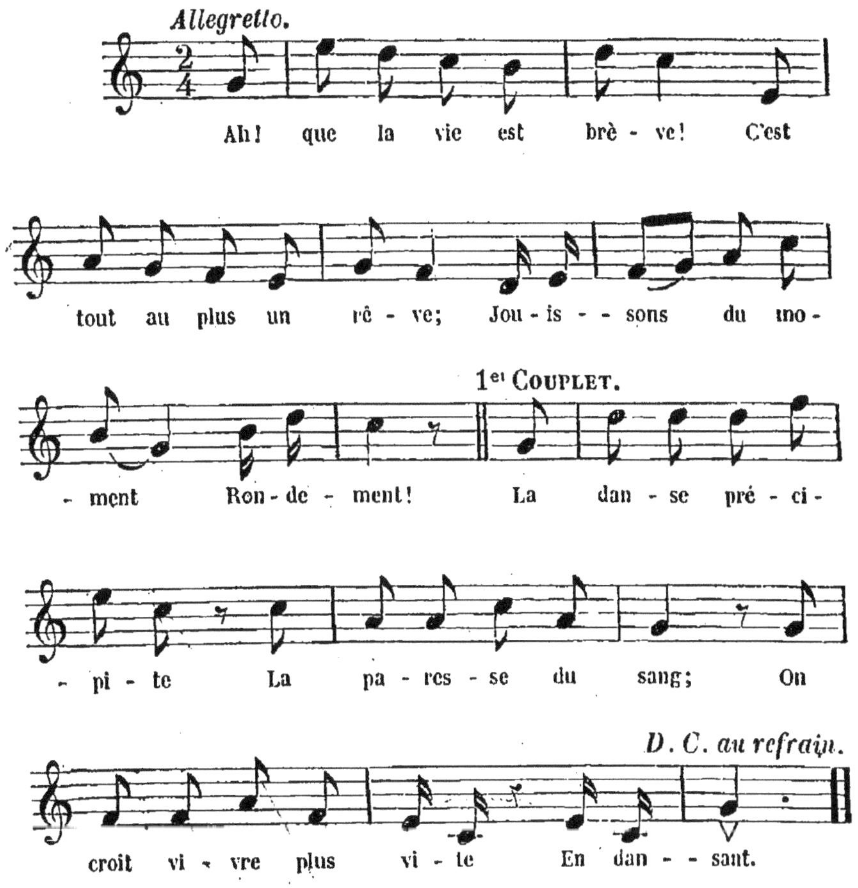

Allegretto.

Ah! que la vie est brè-ve! C'est tout au plus un rê-ve; Jou-is-sons du mo-ment Ron-de-ment!

1ᵉʳ Couplet.

La dan-se pré-ci-pi-te La pa-res-se du sang; On croit vi-vre plus vi-te En dan-sant.

D. C. au refrain.

RAYON DE SOLEIL.

RAYON DE SOLEIL.

Hier j'étais sérieuse,
 Je mourais d'ennui,
Et me voilà joyeuse,
 Rieuse,
 Aujourd'hui.

La gaîté vous arrive
 On ne sait d'où ;
On a l'humeur plus vive,
 L'esprit plus fou ;
On est, si l'on se mire,
 Charmante à voir ;
On éclate de rire
 A son miroir.

Hier j'étais sérieuse,
 Je mourais d'ennui,
Et me voilà joyeuse,
 Rieuse,
 Aujourd'hui.

Comme, sur chaque tige,
    Un papillon,
L'on joue et l'on voltige
    Dans un rayon;
Comme un bouvreuil on chante
    A plein gosier;
Dans ses cheveux on plante
    Tout un rosier.

Hier j'étais sérieuse,
    Je mourais d'ennui,
Et me voilà joyeuse,
        Rieuse,
    Aujourd'hui.

D'un doigt distrait l'on trace
    Un nom rêvé,
Le pied mutin l'efface
    Inachevé.
On craint une surprise,
    Un bruit de pas,
On cause avec la brise,
    On parle bas.

Hier j'étais sérieuse,
    Je mourais d'ennui,
Et me voilà joyeuse,
        Rieuse,
    Aujourd'hui.

D'un mouvement de hanche
    La soulevant,
Avec sa robe blanche
    On fait du vent.

Oh ! si j'étais aîlée,
Plumes en l'air,
Je prendrais ma volée
Dans le bleu clair !

Hier j'étais sérieuse,
Je mourais d'ennui,
Et me voilà joyeuse,
Rieuse,
Aujourd'hui.

Mais j'ai vu quelque chose
Dans le gazon ;
Ma joue en est plus rose,
J'ai le frisson...
Ce n'était qu'une alerte
A ma gaîté :
Une grenouille verte
Avait sauté.

Hier j'étais sérieuse,
Je mourais d'ennui,
Et me voilà joyeuse,
Rieuse,
Aujourd'hui.

LES ŒUFS DE PAQUES.

LES OEUFS DE PAQUES.

O saison diaprée,
D'émeraude parée,
Fête Pâques vermeil!
Printemps doux et splendide,
Rompant ta chrysalide,
Ressuscite au soleil!

Aux douceurs d'un paisible somme
Un grand bruit arrache vos yeux :
Les cloches reviennent de Rome
En carillonnant à pleins cieux;
Tout respire un bel air de fête,
Enfin Pâques est de retour;
On ne voit que fraîche toilette,
Souliers fins et bas blancs à jour.

O saison diaprée,
D'émeraude parée,
Fête Pâques vermeil!
Printemps doux et splendide,
Rompant ta chrysalide,
Ressuscite au soleil.

Les forêts qui l'hiver sont veuves,
Sentent revivre leurs couleurs;
Les prés ont mis des robes neuves
D'un vert tendre semé de fleurs.
Ce sont tapis de pâquerette;
Même pour ce jour il y a
De l'oseraie, humble fleurette
Que l'on appelle *alleluia*.

   O saison diaprée,
   D'émeraude parée,
   Fête Pâques vermeil!
   Printemps doux et splendide,
   Rompant ta chrysalide,
   Ressuscite au soleil!

Du printemps les molles haleines
Font aux poules un clair gosier,
Les œufs de Pâques par douzaines
Tombent frais dans le poulailler.
Aux champs les bambins vont en bande
Quêter des œufs sur chaque seuil;
La fermière a sa blanche offrande
Toute prête, et son bel accueil.

   O saison diaprée,
   D'émeraude parée,
   Fête Pâques vermeil!
   Printemps doux et splendide,
   Rompant ta chrysalide,
   Ressuscite au soleil.

D'enfants une troupe éveillée
A la vitre d'un confiseur
Regarde une poule empaillée
Dont l'aile couve leur bonheur.

Ces œufs recèlent un mystère :
Bonbons, joujoux, douce leçon!
Ainsi, quand il fait froid, la terre
Cache l'espoir de la moisson.

   O saison diaprée,
   D'émeraude parée,
   Fête Pâques vermeil!
   Printemps doux et splendide,
   Rompant ta chrysalide,
   Ressuscite au soleil!

Jésus du tombeau ressuscite
Après trois jours enseveli,
Confondant la race hypocrite
Qui croit au néant, à l'oubli.
Rien ne meurt, la moindre parcelle
Trouve place au céleste azur :
Au seuil de la vie éternelle
Il faut apporter un cœur pur.

   O saison diaprée,
   D'émeraude parée,
   Fête Pâques vermeil!
   Printemps doux et splendide,
   Rompant ta chrysalide,
   Ressuscite au soleil!

LES ŒUFS DE PAQUES.

LE CHÊNE

LE CHÊNE.

Si l'humble gland dont ce chêne est formé
Était tombé du front touffu du père
Dans le groin du cochon affamé,
Il n'aurait pas tant ombragé la terre.
D'en haut, d'en bas, la vie arrive au tronc,
Par les rameaux, les racines, les fibres;
Digne d'orner seulement les fronts libres
Son vert feuillage à l'or ferait affront.

   Chantons le chêne immense,
    Orgueil de nos bois,
   Jadis vénéré des Gaulois;
   Son ombre protége la France.

De Jupiter les oracles païens
Avaient pour temple un vieux chêne à Dodones,
De sa ramure aux jeux Olympiens
Pour les vainqueurs on tressait des couronnes.
A Rome aussi, le chêne consulté
Y couronnait de rameaux symboliques
Les héros seuls dont les vertus civiques
De la patrie avaient bien mérité.

   Chantons le chêne immense,
    Orgueil de nos bois,
   Jadis vénéré des Gaulois;
   Son ombre protége la France.

Chez les Gaulois, dans la dernière nuit
Qui faisait suite à la lune nouvelle,
Du dernier mois de l'année, à minuit,
Dans les forêts on courait pêle-mêle ;
La joie était sauvage en son essor ;
On immolait quelque victime humaine,
Et le druide à l'écorce du chêne
Tranchait le gui de sa faucille d'or.

   Chantons le chêne immense,
    Orgueil de nos bois,
  Jadis vénéré des Gaulois ;
 Son ombre protége la France.

Quand Égérie à Numa se montrait,
C'était toujours à l'ombre des grands chênes,
Et saint Louis rendit plus d'un arrêt,
Sans appareil, sous l'arbre de Vincennes.
Sous Charles Sept, on était aux abois.
Quand Jeanne d'Arc rêva la délivrance,
Avant d'aller au secours de la France,
Au sein d'un chêne elle entendit des voix.

   Chantons le chêne immense,
    Orgueil de nos bois,
  Jadis vénéré des Gaulois ;
 Son ombre protége la France.

Le chêne altier est un fouillis vivant
D'oiseaux, fourmis, cirons, coléoptères.
Son lourd branchage est tordu par le vent,
Moussu, rongé de lichens et de lierres.
Le gui pendant rappelle les cheveux
Dont Absalon lui laissa la dépouille ;
Le chêne est droit, rugueux, taché de rouille,
Et s'arrondit en dôme sous les cieux.

Chantons le chêne immense,
Orgueil de nos bois,
Jadis vénéré des Gaulois;
Son ombre protége la France.

Dans son feuillage on entend un millier
D'oiseaux jaseurs de diverses nuances.
Sur son écorce on voit le sanglier
Contre les chiens aiguiser ses défenses.
Le feu du ciel y tombe quelquefois,
Le soir, l'orfraie y jette l'épouvante;
Toute la nuit le rossignol y chante
Quand l'amour fait monter la séve au bois.

Chantons le chêne immense,
Orgueil de nos bois,
Jadis vénéré des Gaulois;
Son ombre protége la France.

Un papillon dans le chêne est formé :
Lorsque la hache, un beau jour, vient l'abattre,
L'âme s'enfuit du corps inanimé;
On voit dans l'air le papillon s'ébattre;
L'arbre est à bas, l'homme tire ses plans
Il en va faire une charpente dure,
De bons tonneaux, de la belle sculpture...
Ce chêne mort vivra plus de mille ans.

Chantons le chêne immense,
Orgueil de nos bois,
Jadis vénéré des Gaulois;
Son ombre protége la France.

LE CHÊNE.

Si l'humble gland dont ce chêne est for-mé, É-tait tom-bé du front touffu du pè-re Dans le grou-in d'un cochon af-fa-mé, Il n'au-rait pas tant om-bra-gé la ter-re. D'en haut, d'en bas, la vie arrive au tronc, Par les ra-meaux, les ra-ci-nes, les fi-bres, Digne d'or-ner seu-lement les fronts li-bres, Son vert feuil-lage à l'or fe-rait af-front.

REFRAIN.

Chantons le chêne im-men-se, Or-gueil de nos bois, Ja-dis vé-né-ré des Gau-lois, Son om-bre pro-té-ge la Fran-ce! Son om-bre pro-té-ge la Fran-ce!

PARIS. TYP. H. PLON.

LA CAVE.

LA CAVE.

DÉDIÉE A BONVALLET.

D'un cœur chaud et reconnaissant
Je m'en vais célébrer la cave :
L'escalier est roide et glissant ;
Pour un buveur, c'est chose grave.
Des églises, des vieux châteaux
Rappelant les voûtes obscures,
Ses murs sont chargés de cristaux,
De champignons, de moisissures.

Dans la cave il fait bon chanter :
    Sa voûte résonne ;
Il y fait bien meilleur goûter
   Les bons vins que nous donne
     Le rouge automne,
     Le rouge automne.

Nous heurtons au tas des bouchons,
Des tessons, des bouteilles vides ;
Les rats tiennent conseil : tâchons,
La lampe en main, d'être lucides.
Au doigt ces tonneaux sonnent plein ;
Laissons ce vin dormir tranquille ;
Il est encore vert ; plus loin
Des crus fameux je tiens la file.

Dans la cave il fait bon chanter, etc.

Que ce vitrail est rutilant !
Chaque bouteille, ou blanche ou noire,
Qui contient le vin rouge ou blanc,
Également invite à boire :
Alicante, Porto, Xérès,
Lacryma-Christi, Canaries...
On croit voir en de beaux coffrets
Étinceler des pierreries.

Dans la cave il fait bon chanter, etc.

En passant nous avons goûté
Au Constance, au Grave, au Sauterne ;
Le Sillery met en gaieté,
Devant le Rhin l'on se prosterne ;
Bordeaux m'ouvre un rouge sillon,
Vers cette pourpre je me hâte ;
Et du Bourgogne au Roussillon
Ma trogne est couleur d'écarlate.

Dans la cave il fait bon chanter, etc.

Du Romanée et du Pomard,
Du Chambertin la dive essence,
De l'ambroisie et du nectar
M'ont révélé la jouissance.
Je suis conquérant, amoureux,
Statuaire, peintre, poëte,
Je vois Vénus, je suis heureux ;
Les étoiles sont ma conquête.

Dans la cave il fait bon chanter, etc.

Dans quelque flacon bien bouché
Peut-être ma cave profonde
Garde le problème cherché
Qui fera le bonheur du monde.

Dans son caveau le plus discret,
Si quelque vérité sommeille,
En voulant la boire d'un trait,
N'allons pas casser la bouteille!

Dans la cave il fait bon chanter, etc.

Ce n'est pas sans utilité
Qu'en ma cave en tout temps je rôde;
C'est une glacière l'été,
L'hiver, c'est une serre chaude;
J'y vivrais et mourrais gaiement!
Sauf le dôme de la nature,
Peut-on rêver un monument
Plus beau pour une sépulture?

Dans la cave il fait bon chanter :
    Sa voûte résonne :
Il y fait bien meilleur goûter
    Les bons vins que nous donne
        Le rouge automne,
        Le rouge automne.

LA CAVE.

LE CAMÉE

LE CAMÉE.

Je t'envoie un petit camée,
 O ma bien-aimée !
Ciselé délicatement
 En aimant.

 Sur une agate très-fine,
 Ton beau profil se burine ;
 Effilée en petit bec,
 Ta lèvre est un bijou grec ;
 Ton oreille est faite et brille
 Comme une fraîche coquille ;
 Ton menton a le fini
 D'un œuf posé dans le nid.

 Je t'envoie un petit camée,
 O ma bien-aimée !
Ciselé délicatement
 En aimant.

Ta joue est un nid de roses;
Au coin de tes lèvres closes,
Du sourire poind la fleur;
Ton œil jette une lueur,
Comme un bleu rayon de lune
A travers la forêt brune;
Tes cils voilent sa clarté;
Ton souris peint ta fierté.

Je t'envoie un petit camée,
　　O ma bien-aimée!
Ciselé délicatement
　　En aimant.

Ton front, blanc comme les cygnes,
S'enfle avec de belles lignes:
C'est comme un raisin serré
Où couve le feu sacré.
Pour compléter la figure,
Il manque la chevelure,
Le cou si pur et le sein,
Dont j'ébauche le dessin.

Je t'envoie un petit camée,
　　O ma bien-aimée!
Ciselé délicatement
　　En aimant.

Tes cheveux, je les dénoue;
Sur ta nuque, sur ta joue,
J'aime à les voir voltiger;
Faut-il mieux les arranger
En grappes, tresses ou natte,
Avec ruban d'écarlate,
Rose ou bluet? tout va bien;
Ils sont plus beaux avec rien.

Je t'envoie un petit camée,
O ma bien-aimée!
Ciselé délicatement
En aimant.

Vite, encore une retouche,
Un baiser sur cette bouche;
Qu'il pende tout alentour
Une guirlande d'amour,
Des roses, des tourterelles,
Croisant leurs becs et leurs ailes...
Cher camée! il faut encor
L'armer d'une aiguille d'or!

Je t'envoie un petit camée,
O ma bien-aimée!
Ciselé délicatement
En aimant.

LE CAMÉE.

PARIS. TYP. H. PLON.

LA PAYSANNE AMOUREUSE

LA PAYSANNE AMOUREUSE.

Que je suis heureuse
Sous mon beau grand pin !
Ma voix amoureuse
Y chante sans fin :

Les saules sont en séve,
L'aubépine est en fleur,
Et je chante le rêve,
Le rêve de mon cœur.

Le bel oiseau chante,
Je fais comme lui ;
Mais sans épouvante,
Sans le moindre ennui.

Les saules sont en séve,
L'aubépine est en fleur,
Et je chante le rêve,
Le rêve de mon cœur.

L'oiseau craint la pluie,
Le froid, les chasseurs ;
Et pour moi la vie
N'a plus de rigueurs.

Les saules sont en séve,
L'aubépine est en fleur,
Et je chante le rêve,
Le rêve de mon cœur.

Pour moi la vipère
N'a' plus de venin ;
Je lui dis : Commère,
Passe ton chemin !

Les saules sont en séve,
L'aubépine est en fleur,
Et je chante le rêve,
Le rêve de mon cœur.

Mon père m'admire ;
Ma mère, en dessous,
Pour ma tirelire
Lui prend ses gros sous.

Les saules sont en séve,
L'aubépine est en fleur,
Et je chante le rêve,
Le rêve de mon cœur.

On dit : Qu'elle est belle !
Me voyant passer ;
Chacun avec elle
Voudrait bien danser.

Les saules sont en séve,
L'aubépine est en fleur,
Et je chante le rêve,
Le rêve de mon cœur.

Le garçon que j'aime,
Nul ne le saura,
Si ce n'est lui-même;
Qui le lui dira?

Les saules sont en séve,
L'aubépine est en fleur,
Et je chante le rêve,
Le rêve de mon cœur.

Dis-lui, bouche rose,
Dites-lui, mes yeux,
Qu'il faudra qu'il ose
M'aimer un peu mieux.

Les saules sont en séve,
L'aubépine est en fleur,
Et je chante le rêve,
Le rêve de mon cœur.

LA PAYSANNE AMOUREUSE.

Andante mosso. **1ᵉʳ Couplet.**

Que je suis heu - reu - se Sous mon beau grand pin,

Ma voix a-mou-reu-se Y chan - te sans fin. Les sau-les sont en

animato   *a tempo*

sè - ve, L'au-bé-pine est en fleur, Et je chan-te le

rê - ve, Le rê - - - ve de mon cœur.

PARIS, TYP. H. PLON.

LES GRANDS ENFANTS

LES GRANDS ENFANTS.

Enfants, nous jouons à tout âge ;
Notre vie est un badinage :
Le plus vieux comme le plus sage
    N'est qu'un enfant.

Elle est enfant la belle enfant
Qui rêve, tout en s'agrafant
Devant sa glace de Venise,
D'un bel espoir dont elle a peur,
Et qui, sentant battre son cœur,
Devient rouge comme cerise.
La rose et le myrte amoureux
Ne sont que fleurs et tiges frêles ;
Beau papillon, garde tes ailes
Si tu veux t'en aller aux cieux.

Enfants, nous jouons à tout âge,
Notre vie est un badinage :
Le plus vieux comme le plus sage
    N'est qu'un enfant.

Il est enfant ce grand enfant
Qui se voit déjà triomphant
A peine entré dans la carrière;
Son harnais d'écarlate et d'or
A beau luire, il est vierge encor
De sang, de poudre et de poussière.
Attends demain, beau glorieux;
Le laurier que ta gaieté raille
Croît arrosé par la mitraille
Et se moissonne dans les cieux.

Enfants, nous jouons à tout âge;
Notre vie est un badinage :
Le plus vieux comme le plus sage
    N'est qu'un enfant.

Tout homme n'est qu'un grand enfant!
La mère austère lui défend
D'approcher de trop près la flamme :
Il touche à tout, le grand mutin,
Aux charbons ardents du destin,
Aux sombres mystères de l'âme;
Arrête, maudit curieux!
A moins qu'un éclair de génie,
Déchirant la voûte infinie,
Ne t'ait fait entrevoir les cieux.

Enfants, nous jouons à tout âge!
Notre vie est un badinage :
Le plus vieux comme le plus sage
    N'est qu'un enfant.

LES GRANDS ENFANTS.

Allegretto moderato.

REFRAIN. En-fants, nous jou-ons à tout â - ge: No-tre vie est un ba - di - na - ge; Le plus vieux com-me le plus sa - ge N'est qu'un en - fant, N'est qu'un en - fant.

Andantino. 1er COUPL. Elle est en - fant, la belle en-fant Qui rê - ve, tout en s'agraf-fant Devant sa gla - ce de Ve - ni - se, D'un bel es - poir dont elle a peur, Et qui, sen-

grazioso è rallent.
tant bat-tre son cœur, Devient rou - ge comme ce - ri - se. La rose et le myrte amou - reux Ne sont que fleurs et ti - ges frê - les; Beau pa-pil - lon, garde tes ai - les Si tu veux t'en - vo - ler aux cieux.

PARIS. TYP. H. PLON.

LE BON CHEMIN.

A l'aube de l'adolescence,
A cet âge où tout semble beau,
Un fils, ivre d'impatience,
Quitte le nid comme un oiseau;
Entraîné par une chimère
Qui lui sourit dans le lointain :
Adieu, mon fils! lui dit sa mère,
Et suis toujours le bon chemin!

En sa naïve étourderie,
Il va des ailes s'ébattant,
Parcourant la lande fleurie,
Comme une abeille s'arrêtant
A toute fleur ou blanche ou rose,
Fleur de pommier, fleur de sainfoin,
Fleur d'aubépine ou d'autre chose :
Était-ce là le bon chemin?

Un paysan d'humeur gauloise,
En le voyant tout interdit
Devant un chemin qui se croise
Et qui fait la fourche, lui dit :
Jeune homme! as-tu peur que la terre
Manque à tes pas? Elle va loin.
La terre est grande, comment faire
Pour y trouver le bon chemin?

Le bon chemin, est-ce la route
Où les humains vont se foulant,
Moutons de Panurge en déroute,
Troupeau craintif toujours bêlant?
Est-ce le portique où se presse
Et bourdonne comme un essaim
La foule avide de richesse?
Est-ce bien là le bon chemin?

Est-ce le grand chemin de l'Inde,
L'Océan, plein de noirs secrets?
Est-ce le vert sentier du Pinde
Où croissent lauriers et cyprès?
Est-ce le chemin de la gloire,
Tant abreuvé de sang humain?
Écartons ce rêve illusoire :
Non, ce n'est pas le bon chemin.

Est-ce la route de Cythère
Où Vénus préside aux amours?
Non; c'est le sentier solitaire
Où l'on s'aime à deux pour toujours,
Pendant que l'aïeule caresse
De beaux enfants dans le lointain :
Voilà l'image enchanteresse
Du vrai bonheur, du bon chemin.

LE BON CHEMIN.

Andantino. 1er COUPLET.

A l'au- be de l'a- do- les- cen - ce, A cet âge où tout sem- ble beau, Un fils i- vre d'im- pa- ti- en- ce Quit- te le nid comme un oi- seau; En- traî- né par u- ne chi- mè- re, Qui lui sou- rit dans le loin - tain. A- dieu, mon fils, lui dit sa mè- re, Et suis tou- jours le bon che- min, Et suis tou- jours, et suis tou- jours le bon che- min.

PARIS. TYP. H. PLON.

LA RACE

LA RACE.

N'est-ce pas blasphémer nos pères
Dire que nous ne valons rien?
Les cygnes font-ils des vipères?
Du lion peut-il naître un chien?
La race française et gauloise
N'est pas près de s'abâtardir;
Malheur à qui lui cherche noise!
Son sang pourrait bien refroidir.

  Gardons le sang,
  Gardons la race,
  Gardons nos rangs,
Dignes enfants des Gaulois et des Francs;
Que les conscrits de la dernière classe
 Se souviennent que leurs parents
   Furent grands!

On a parlé de décadence:
Qui donc est tombé jusqu'ici?
Des soldats, mais non pas la France;
Elle est vivante, Dieu merci!
Toujours plus d'un martyr succombe.
Chez nous, quel que soit le drapeau,
On marche en riant à la tombe:
On a le sang près de la peau.

Gardons le sang,
Gardons la race,
Gardons nos rangs,
Dignes enfants des Gaulois et des Francs;
Que les conscrits de la dernière classe
Se souviennent que leurs parents
Furent grands!

Toujours quelque chouette égarée,
Échappée aux plus noirs donjons,
Pleure comme fait la marée
Ou la bise dans les ajoncs.
Plus d'un vaincu boit son calice
Jusqu'à la lie et sourira
D'apprendre que notre milice
Vient d'occuper le Jurjura.

Gardons le sang,
Gardons la race,
Gardons nos rangs,
Dignes enfants des Gaulois et des Francs;
Que les conscrits de la dernière classe
Se souviennent que leurs parents
Furent grands!

C'est que sur notre vieille terre,
Dont la base est un dur granit,
Toujours survit le caractère,
La tradition reste au nid :
L'idée est mobile sans doute,
Le Français, dit-on, est léger;
Il est si léger sur la route,
Quand elle conduit au danger!

Gardons le sang,
Gardons la race,
Gardons nos rangs,
Dignes enfants des Gaulois et des Francs ;
Que les conscrits de la dernière classe
Se souviennent que leurs parents
Furent grands !

Ne regardons pas en arrière :
Le monde suit nos mouvements ;
L'ondoiement de notre bannière
Lui donne des tressaillements.
Notre pensée est électrique :
De la terre elle fait le tour ;
Elle est guerrière et pacifique :
C'est le droit tempéré d'amour.

Gardons le sang,
Gardons la race,
Gardons nos rangs,
Dignes enfants des Gaulois et des Francs ;
Que les conscrits de la dernière classe
Se souviennent que leurs parents
Furent grands !

LA LYONNAISE

LA LYONNAISE.

Des Alpes blanches et rosées
Luit pour nous le soleil levant,
Et nous les voyons irisées
Quand du Midi souffle le vent;
Le Rhône, du lac de Genève,
Accourt impétueux et bleu
Vers la Saône verte qui rêve
Et qui s'endort en ce beau lieu.

 Lyon, cité romaine,
  Au nom fier et puissant,
   Chrétienne,
   Humaine,
 Gauloise par le sang,
  Le bras de Dieu te mène
Dans un destin éblouissant.

Sur sa colline occidentale
Fourvières montre son clocher;
Le luxe des villas s'étale;
Plus loin s'effondre un vieux rocher :

C'était le fort de Pierre-Scize
Qui de Saint-Mars fut la prison;
Depuis que la Bastille est prise
Il n'attriste plus l'horizon.
    Lyon, cité romaine, etc.

La colline de la Croix-Rousse
A son peuple laborieux,
Qui de temps en temps se courrouce
Comme les Romains, nos aïeux;
La soie étincelante et fine
Se tisse et fleurit sous ses doigts :
Jacquart lui légua sa machine;
Le travail a sacré ses droits.
    Lyon, cité romaine, etc.

De Lucques, Gênes et Florence,
Des commerçants persécutés,
Portant leurs pénates en France,
A Lyon se sont abrités :
Par nos fleuves leur industrie
A rayonné jusqu'aux deux mers :
Ils ont retrempé la soierie
Dans nos flots bleus, dans nos flots verts.
    Lyon, cité romaine, etc.

La soie est bien notre héritage :
Falcon, Lassalle, Vaucanson,
Enfin Jacquart, ont d'âge en âge
Amélioré sa façon :
Aussi la terre nous envie
Ces tissus parsemés de fleurs
Qui sont des rayons sur la vie
De nos amantes, de nos sœurs.
    Lyon, cité romaine, etc.

Pauvre habitant, passant malade,
Le Rhône a son palais ducal
Dont Soufflot sculpta la façade :
C'est ta maison, c'est l'hôpital...
De notre liberté civile
Il nous reste un fier boulevard :
Notre splendide hôtel de ville
Dont Maupin fit une œuvre d'art.

 Lyon, cité romaine, etc.

Louise, la belle cordière,
De ses beaux vers nous constella ;
Et nos arts ont eu leur lumière :
Coysevox, les Coustou, Stella ;
Mais notre gloire la plus belle,
C'est le sang des martyrs versé
Pour imposer la foi nouvelle
Au lion romain terrassé.

 Lyon, cité romaine, etc.

Lyon, du haut de ses collines,
Reste attentif à l'avenir ;
Tout en respectant ses ruines,
On le voit pourtant rajeunir :
Fidèle au progrès qui nous mène,
Il saurait, au besoin, pour lui
Tirer encore de sa veine
Un sang qui n'a jamais tari.

 Lyon, cité romaine, etc.

L'AUBERGE DU NAUFRAGE

L'AUBERGE DU NAUFRAGÉ.

    Encore cette histoire :
      Écoutez-la bien !
   Je l'ai lue en un grimoire
       Ancien.

Un jour d'automne, par la pluie,
Un pèlerin marche essoufflé,
Et sur sa barbe qu'il essuie
Aussi des pleurs ont ruisselé.
Il est en quête d'une grâce
Où son bonheur est attaché :
Sa femme en son hameau trépasse
D'un mal aux médecins caché.

    Encore cette histoire :
      Écoutez-la bien !
   Je l'ai lue en un grimoire
       Ancien.

Fille d'une grande origine,
A n'en juger que par ses traits,
La sourde langueur qui la mine
Ajoute un charme à ses attraits.
Son front lisse n'a pas de ride,
Ses yeux ont des regards pâlis ;
Sa chair, délicate et candide,
Est faite du tissu des lis.

Encore cette histoire :
Écoutez-la bien !
Je l'ai lue en un grimoire
Ancien.

Le pèlerin, par la pensée,
La voit mourante sur son lit ;
Cependant sa marche forcée
Par la fatigue s'affaiblit.
Le tableau d'une vieille auberge
S'offre à son œil découragé :
C'est un vaisseau que l'eau submerge,
A l'enseigne du naufragé.

Encore cette histoire :
Écoutez-la bien !
Je l'ai lue en un grimoire
Ancien.

Notre homme entre, s'essuie et mange.
Sur une autre table, accoudés,
Deux hommes à figure étrange,
Sans rien dire, jouaient aux dés.
Sur le tapis on ne voit luire
Ni pièce d'or, ni marc d'argent ;
A peine on distingue un sourire
De l'un à l'autre s'échangeant.

Encore cette histoire :
Écoutez-la bien !
Je l'ai lue en un grimoire
Ancien.

— Seigneurs, votre jeu m'intéresse,
Dit le pèlerin curieux.
J'y hasarderais quelque pièce,
Si le gain luisait à mes yeux.

— On ne joue ici que son âme,
Dit l'un des deux, un vrai sorcier,
Dont l'œil aigu comme une lame
A des éclairs comme l'acier.

 Encore cette histoire :
 Écoutez-la bien !
Je l'ai lue en un grimoire
  Ancien.

— Si vous pouvez guérir ma femme,
Dit le passant, je tiens l'enjeu.
En deux coups il perdit son âme
Et regagna sa femme au jeu.
Au retour, sa femme guérie
Lui dit d'un air mystérieux :
— Votre âme s'est évanouie,
Je ne la vois plus dans vos yeux.

 Encore cette histoire :
 Écoutez-la bien !
Je l'ai lue en un grimoire
  Ancien.

A ces mots, il chancelle et tombe ;
Il va descendre chez les morts,
Quand un baiser de sa colombe
Rappelle son âme en son corps.
Du pacte infernal qui l'engage,
Par l'amour il est dégagé.
N'allez pas en pèlerinage
A l'auberge du naufragé.

 Ainsi finit l'histoire.
 Vous m'en croirez bien :
Je l'ai lue en un grimoire
  Ancien.

L'AUBERGE DU NAUFRAGE.

LE SECRET.

L'autre jour, j'ai surpris
  Un secret sans prix ;
  Oui, j'ai pu l'entendre
  Et je veux le rendre
A celle à qui l'ai pris.

L'autre jour goûtant le silence
Et l'ombre du bois verdoyant,
Je vis arriver à distance
Deux filles au minois riant :
C'était Jeanne avec Madeleine
Qui parlaient bas et, sans me voir,
Tout près de moi vinrent s'asseoir ;
Tremblant, je retins mon haleine.

  L'autre jour, j'ai surpris
    Un secret sans prix ;
    Oui, j'a pu l'entendre,
    Et je veux le rendre
  A celle à qui l'ai pris.

Je les vis s'asseoir sous un chêne ;
Jeanne est blonde comme les blés ;
Les cheveux noirs de Madeleine
Sont par un nœud rouge assemblés.

Madeleine a pour sa parure
Des soins qu'elle voudrait cacher ;
Comme une fleur sous un rocher,
Jeanne est l'enfant de la nature.

L'autre jour, j'ai surpris
Un secret sans prix ;
Oui, j'ai pu l'entendre,
Et je veux le rendre
A celle à qui l'ai pris.

Baissant ses yeux bleus en amande,
Madeleine écoute et rougit ;
Jeanne fait réponse et demande,
Sans savoir ce dont il s'agit.
Madeleine est la tourterelle
Qui se lamente dans le bois ;
Jeanne a des rires dans la voix,
C'est l'alouette ou l'hirondelle.

L'autre jour, j'ai surpris
Un secret sans prix ;
Oui, j'ai pu l'entendre,
Et je veux le rendre
A celle à qui l'ai pris.

Madeleine est le triste saule
Que sous le deuil on voit ployer,
Mais Jeanne est une verte gaule
De noisetier ou de rosier.
Madeleine est l'eau de la pluie,
Jeanne est la rosée, au matin,
Parsemant les tiges du thym
Des pleurs que le soleil essuie.

L'autre jour, j'ai surpris
Un secret sans prix ;
Oui, j'ai pu l'entendre,
Et je veux le rendre
A celle à qui l'ai pris.

Quand vient midi, Jeanne rejette
Un mouchoir bleu qui l'oppressait ;
Madeleine, toute inquiète,
Lui dit : « Oh ! si quelqu'un passait ! »
Jeanne, plus belle qu'une rose,
Plus simple qu'un oiseau du ciel,
Lui répond d'un air naturel :
« Ah ! l'on ne verrait pas grand'chose ! »

L'autre jour, j'ai surpris
Un secret sans prix ;
Oui, j'ai pu l'entendre,
Et je veux le rendre
A celle à qui l'ai pris.

Lorsqu'on en vint aux confidences,
Je sentis mon sang tout glacé ;
J'entendis, entre deux silences,
Mon nom, par Jeanne prononcé.
Oh ! si jamais, sans Madeleine
Elle revient dans la forêt,
Je veux lui rendre son secret,
Que je garde avec trop de peine.

L'autre jour, j'ai surpris
Un secret sans prix ;
Oui, j'ai pu l'entendre,
Et je veux le rendre
A celle à qui l'ai pris.

LE DERNIER BEAU JOUR

LE DERNIER BEAU JOUR.

Les feuilles rouges du coteau
Disent que la vendange est faite ;
L'automne de son long manteau,
Secoue encore un jour de fête.
Ne restons pas à la maison :
Profitons de l'heure sacrée
Où le soleil, à l'horizon,
Tamise une poussière ambrée.

L'automne, d'un dernier regard
Charme et dore cette journée,
Fêtons, sans attendre plus tard,
Le déclin si doux de l'année !

Dans le sol fraîchement creusé,
Le laboureur marche en cadence,
On voit jaillir le blé rosé
De ses mains pleines d'espérance ;
Les étourneaux, sur les sillons,
S'abattent comme un noir nuage,
Ou s'envolent par tourbillons
Sur les pommiers du voisinage.

L'automne, d'un dernier regard
Charme et dore cette journée,

Fêtons, sans attendre plus tard,
Le déclin si doux de l'année !

Plus d'hirondelles dans l'azur !
Une seule, vraie âme en peine,
Reste à l'écart sans abri sûr
Contre la froidure prochaine.
Tes sœurs, pauvre oiseau du bon Dieu,
Ne reviendront que l'autre année ;
Viens, pour attendre, au coin du feu,
Te blottir sous ma cheminée !

L'automne, d'un dernier regard
Charme et dore cette journée,
Fêtons, sans attendre plus tard,
Le déclin si doux de l'année !

A notre nébuleux climat
Plus d'un oiseau reste fidèle,
Le peuplier est un grand mât
Où la pie agite son aile ;
En haut, chante un chardonneret,
Le roitelet grimpe et s'abrite
Au vieux chêne de la forêt ;
En bas pousse une marguerite.

L'automne, d'un dernier regard
Charme et dore cette journée,
Fêtons, sans attendre plus tard,
Le déclin si doux de l'année !

C'est que l'année a beau finir,
On dirait qu'elle recommence,
Et rien n'étouffe l'avenir,
Herbe, fleurette, oiseau, semence :

Quand sur les arbres dépouillés
Corbeau des hivers tu te poses,
A la cîme des cornouillers
On voit déjà des bourgeons roses.

L'automne, d'un dernier regard
Charme et dore cette journée,
Fêtons, sans attendre plus tard,
Le déclin si doux de l'année !

Le ciel rougit, l'air devient froid,
Le sarment dans l'âtre pétille,
Allons nous chauffer à l'étroit
Au cercle aimé de la famille ;
Et là, devisant, espérant,
Chacun racontera la sienne ;
Doux fruits, vin doux et rire franc
Combattront le froid et la peine.

L'automne, d'un dernier regard
Charme et dore cette journée,
Fêtons, sans attendre plus tard
Le déclin si doux de l'année !

LE DERNIER BEAU JOUR.

SOUVENIR D'ALGER.

SOUVENIR D'ALORS.

« Alors, c'était le bon temps ! »
Répète le vieil adage.
Qui donc a vu le printemps
Sans neige, pluie et nuage?
En Bohême comme ailleurs
Tout n'était pas rose et fraise :
J'en connais, et des meilleurs,
Qui soutiendraient cette thèse.

Alors, vers la fin du mois,
Quand on avait fait ripaille,
Le second jour, aux abois,
On restait sans sou ni maille.
En jeûnant on soupirait
Après deux jours de bien-être ;
Le liseron bleu mourait
Desséché sur la fenêtre.

Alors quelques faux amis,
A notre table commune

Fraternellement admis,
Y nourrissaient la rancune;
Ils faisaient beaucoup de bruit,
Aux autres barraient l'issue...
Où grelottent leur esprit
Et leur vanité déçue.

Alors ce qui semblait bon
L'est encor : qui donc en doute?
Un bohémien barbon
Déjà rangé par la goutte,
Gens à qui demain fait peur,
Tremblant devant une ride :
A la porte de leur cœur,
Ne frappez pas, il est vide.

A l'angle fleuri des toits
Que plus d'un rapin dessine,
Il niche comme autrefois
Pierrot et sa colombine.
Il sort de maint soupirail
Entr'ouvert avant l'aurore
Comme un parfum de travail :
La France étudie encore.

Allons, blasé que je hais!
Mets de l'argent dans ta poche;
Porte sur ces deux étais
Un poulet froid cuit en broche;

De ton vin non frelaté
Débouche mainte bouteille,
Et fais boire à ta santé
Cette jeunesse qui veille.

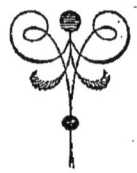

LA PLAINTE DU RUSSE*.

1855.

Un prisonnier qui de la Sibérie
S'était enfui miraculeusement
M'a dit les maux dont souffrait ma patrie ;
Je les médite en mon isolement :
Pauvres mougïks ! on escompte nos âmes !
Troupeau de serfs à la glèbe attaché !
On nous vend nous, nos enfants et nos femmes,
Comme un bétail que l'on mène au marché.

    Mais il ajoutait que la terre
    Verrait bientôt ces maux finir,
    Et que, cette fois, la lumière
    Du soleil couchant doit venir.

De la Russie il m'a peint la légende,
Orgie infâme où le sang coule à flots !
On est grand czar, on est czarine grande
Quand on ourdit de funèbres complots.
Pierre le Grand tient lui-même la hache
Et Catherine a tué son mari ;
Sur le velours le sang laisse une tache :
La peur fera changer le favori.

* Cette plainte poétique semble avoir été devinée et comprise par le successeur de Nicolas, qui vient d'y faire droit en émancipant les paysans russes.

Mais il ajoutait que la terre
Verrait bientôt ces maux finir,
Et que, cette fois, la lumière
Du soleil couchant doit venir.

Et ce sont là nos pontifes suprêmes,
Ceux devant qui nous sommes à genoux,
Bénis par eux ou chargés d'anathèmes,
C'est la rosée ou la foudre pour nous!
Ah! plaise à Dieu que l'univers échappe
Au double joug dont ils pressent nos fronts,
A cette tiare, à cette double chape
Dont les plis neufs cachent des éperons!

Mais il ajoutait que la terre
Verrait bientôt ces maux finir,
Et que, cette fois, la lumière
Du soleil couchant doit venir.

De temps en temps le tambour nous déplace;
Le knout en l'air, un soldat nous instruit;
Et, qu'on nous fouette ou qu'on nous tue en masse,
La discipline en nos cœurs fait la nuit.
L'aigle noir double, en ses quadruples serres
Tenant le sceptre avec la pomme d'or,
Nous crie : « Il faut des peuples tributaires
« Pour apporter des roubles au trésor! »

Mais il ajoutait que la terre
Verrait bientôt ces maux finir,
Et que, cette fois, la lumière
Du soleil couchant doit venir.

Ce prisonnier, dont la barbe était blanche,
Dont chaque ride accusait un chagrin,
Dont l'œil avait une expression franche,
Et dont le front semblait être d'airain,
Me dit, un jour d'intime confidence,
Tout bas un mot des Russes ignoré,
Qui de ma nuit a rompu le silence
Depuis qu'il a dans mon esprit vibré.

 Mais il ajoutait que la terre
 Verrait bientôt ces maux finir,
 Et que, cette fois, la lumière
 Du soleil couchant doit venir.

O liberté! nom que mon peuple ignore,
Que le vieillard a prononcé tout bas,
Tu m'apparais comme la belle aurore
Qui mettra fin à nos sanglants combats.
Brisons le knout! rails, sillonnez le monde!
Peuples lointains, la Russie a du blé :
Apportez-lui la science féconde
Et l'art divin qui chez nous est voilé.

 Mais il ajoutait que la terre
 Verrait bientôt ces maux finir,
 Et que, cette fois, la lumière
 Du soleil couchant doit venir.

LE RÊVE DU PAYSAN

LE RÊVE DU PAYSAN.

Pendant le repos du dimanche
Le paysan va voir son champ;
Son front vers la terre se penche,
Illuminé par le couchant.
Le temps qui marque son passage
De rides et de cheveux gris,
Sur son grand et vaillant visage
N'a pas éteint le coloris.

    Rêve, paysan, rêve;
Entends la semence qui lève,
Regarde tes bourgeons rougir,
Et comme tes enfants grandir :
    C'est l'avenir!

Après la semaine remplie
Par le travail de chaque jour,
D'un œil plein de mélancolie
Il voit l'état de son labour.
Narines au vent, comme il flaire
Sans doute un pressentiment noir;
Soudain son visage s'éclaire
Sous le rayon blanc de l'espoir.

Rêve, paysan, rêve;
Entends la semence qui lève,
Regarde tes bourgeons rougir,
Et comme tes enfants grandir :
C'est l'avenir !

La campagne est enamourée,
Le vert s'étend sur les sillons,
De chaque terre labourée
Montent les cris des oisillons.
Le paysan sent sa jeunesse
Renaître avec le renouveau,
De son âme un chant d'allégresse
Monte avec le chant de l'oiseau.

Rêve, paysan, rêve;
Entends la semence qui lève,
Regarde tes bourgeons rougir,
Et comme tes enfants grandir :
C'est l'avenir !

Le ciel comme un gouffre l'attire,
Le ciel, immense océan bleu;
A pleine poitrine il respire,
Dans l'air pur, le souffle de Dieu.
Et quand tout au bout de la plaine
Les rayons d'or vont s'effaçant,
Plein de vigueur pour la semaine,
Vers sa chaumière il redescend.

Rêve, paysan, rêve;
Entends la semence qui lève,
Regarde tes bourgeons rougir,
Et comme tes enfants grandir :
C'est l'avenir !

Les troupeaux rêvent dans l'étable,
Déjà la ménagère attend;
Le paysan se met à table,
Et tout son monde en fait autant.
Alors levant au ciel son verre,
Que rougit le vin du pays,
Il dit : « Dieu garde notre terre
Des fléaux et des ennemis! »

Rêve, paysan, rêve;
Entends la semence qui lève,
Regarde tes bourgeons rougir,
Et comme tes enfants grandir :
C'est l'avenir!

LE RÊVE DU PAYSAN.

PARIS. TYP. H. PLON.

MONSIEUR DE VIRALŒIL

MONSIEUR DE VIRALOEIL.

Connaissez-vous monsieur de Viralœil,
Vieillard galant dont les mots font fortune;
Souple, futé, vif comme un écureuil,
Il connaît bien ses quartiers de la lune.
   Quoiqu'il ait des goûts inconstants,
   Il règle on ne peut mieux sa vie,
   Il ne prend pas à contretemps
   Sa canne ni son parapluie.

   Oh! le gentilhomme, ô gué!
   Quel diplomate distingué!
   Il applaudit quoi qu'il arrive;
   Il saura bien trouver le gué
   S'il faut passer à l'autre rive.

Il faut le voir, ce coq de l'alentour,
Se pavaner aux lieux où l'on parade,
A chaque dame il fait un doigt de cour,
De droite à gauche il décoche une œillade.
   Avec son frac, ses gants fanés,
   Son fin jabot de mousseline,
   Sa badine et son pince-nez,
   C'est une élégante ruine!

Oh! le gentilhomme, ô gué!
Quel diplomate distingué!
Il applaudit quoi qu'il arrive;
Il saura bien trouver le gué
S'il faut passer à l'autre rive.

De ses enfants il ignore, dit-on,
Le nombre, l'âge et le sexe; peut-être
Aurait-il fait un mari du bon ton.
Hélas! l'hymen ne fut jamais son maître.
  Cela n'a pas tenu qu'à lui;
  D'ailleurs il a trouvé commode
  De chasser le gibier d'autrui,
  Vice élégant fort à la mode.

Oh! le gentilhomme, ô gué!
Quel diplomate distingué!
Il applaudit quoi qu'il arrive;
Il saura bien trouver le gué
S'il faut passer à l'autre rive.

En politique, il n'a jamais eu tort,
Mettant toujours une aisance parfaite
A se ranger du côté du plus fort
Avant le soir même de la défaite :
  Son grenier cache vingt portraits
  Dont on retrouve la nuance
  Sur sa perruque et dans ses traits
  Avec un petit air régence.

Oh! le gentilhomme, ô gué!
Quel diplomate distingué!
Il applaudit quoi qu'il arrive;
Il saura bien trouver le gué
S'il faut passer à l'autre rive.

Lorsque la mort touchera le vieillard
Le lendemain d'un repas d'étiquette,
Les gens bien nés suivront son corbillard
En escarpins, en légère toilette.
 Un beau parleur l'embaumera
 Dans une phrase académique,
 Et sur sa tombe on posera
 Un pot de fleurs de rhétorique.

 Oh! le gentilhomme, ô gué!
 Quel diplomate distingué!
 Il applaudit quoi qu'il arrive;
 Il saura bien trouver le gué
 S'il faut passer à l'autre rive.

M. DE VIRALŒIL.

PARIS. TYP. H. PLON.

LE CONSCRIT

LE CONSCRIT.

Un conscrit né dans la Touraine,
Loin des siens avait de la peine:
Il geignait, languissait, pleurait,
Il trouvait la soupe trop chaude;
On lui disait : « Tu n'es qu'un Claude! »
Et lui d'autant plus soupirait,
Pleurait, et d'amour se mourait.

D'un cœur malade,
D'un cœur chagrin
On ne saurait tirer un gai refrain :
Donc mettons-nous en train
Par une grillade,
Par une salade,
Et force coups de vin !

Allait-on faire l'exercice,
Il traînait la jambe et la cuisse;
Sous les armes il se tenait
Droit comme un pêcheur à la ligne,
Ou bien comme un vieux cep de vigne;
Le caporal sacrait, tonnait,
Mais lui, gardait son air benêt.

D'un cœur malade,
D'un cœur chagrin
On ne saurait tirer un gai refrain :
Donc mettons-nous en train
Par une grillade,
Par une salade,
Et force coups de vin!

Il arrive de son village
Un gentil troupier de passage,
Qui lui parle de ses parents
Et même de sa fiancée :
Il prétend l'avoir embrassée,
Tient des propos peu rassurants ;
Le cœur du conscrit sort des rangs.

D'un cœur malade,
D'un cœur chagrin
On ne saurait tirer un gai refrain.
Donc mettons-nous en train
Par une grillade,
Par une salade,
Et force coups de vin!

Le conscrit, d'une main légère,
A souffleté ce militaire,
Il faut aller sur le terrain;
On s'aligne, on dégaîne, on croise.....
A l'Amour ne cherchez pas noise,
L'Amour, dont on nous fait un nain,
Est un géant, le sabre en main!

D'un cœur malade,
D'un cœur chagrin
On ne saurait tirer un gai refrain :
  Donc mettons-nous en train
    Par une grillade,
    Par une salade,
  Et force coups de vin!

Notre conscrit eut la victoire,
Premier sourire de la gloire;
On dit qu'il sera maréchal,
Si tant est qu'on fasse la guerre;
Mais pour le bonheur de la terre,
Mieux vaut qu'en son pays natal
Il cueille un laurier conjugal.

D'un cœur malade,
D'un cœur chagrin
On ne saurait tirer un gai refrain :
  Donc mettons-nous en train
    Par une grillade,
    Par une salade,
  Et force coups de vin!

LE CONSCRIT.

Andantino.

Un con-scrit né dans la Tou-rai-ne,
Loin des siens a-vait de la pei-ne, Il gei-gnait, lan-guis-sait, pleu-rait; Il trouvait la sou-pe trop chau-de. On lui di-sait: tu n'es qu'un Clau-de, Et lui d'autant plus sou-pi-rait, Pleu-rait et d'a-mour se mou-rait.

REFRAIN.

D'un cœur ma-la-de, D'un cœur cha-grin
On ne sau-rait ti-rer un gai re-frain.

Vivace.

Donc, mettons-nous en train, Par une gril-la-de, Par u-ne sa-la-de Et for-ce coups de vin, Et for-ce coups de vin.

PARIS. TYP. H. PLON.

LA PAIE DES OUVRIERS

LA PAIE DES OUVRIERS.

A-t-on fait sa semaine
Comme un bon ouvrier !
Pour chaque heure de peine
Le patron doit payer ;
Puis à sa ménagère,
Qui garde la maison,
On porte son salaire
Quand on n'est pas garçon.

La semaine finie,
La joie et le rire sont bons :
Ils ont plus d'harmonie
Que les plus beaux sermons :
Drelin ! drelin, la paie
Nous égaie ;
Chantons, dansons, rions, aimons !
Aimons !

Si l'on est en famille,
Par un beau jour d'été
Sur l'herbe on s'éparpille,
On y fait un goûter :
Une simple bouteille,
Un honnête refrain,
Font regretter la veille
Quand vient le lendemain.

La semaine finie, etc.

Une histoire un peu nue
Du papa sans façon
Prémunit l'ingénue
Contre une autre leçon.
Il pleut sur la dînette
Des feuilles, une fleur,
La chenille indiscrète,
Qui toujours fait grand'peur.

La semaine finie, etc

Que la forêt est belle
Quand la semaine on n'a
Rien qui vous la rappelle
Qu'un pot de réséda !
Des fleurs, des nids, l'eau vive
Et l'air bon à sentir !
Mais la locomotive
Prévient qu'il faut partir.

La semaine finie, etc.

On rencontre en tournée
Des voisins d'atelier ;
Pour finir la journée,
Il faut les rallier :
On chante à tour de rôle,
Chacun paie un écot,
Et plus d'un mot très-drôle
Fait rire au loin l'écho.

La semaine finie, etc.

Les gros yeux, les gourmades,
Font taire les marmots,
Quelques tendres œillades
Succèdent aux bons mots.
Légères étincelles
Qui seront flamme un jour,
Premiers battements d'ailes
Du petit dieu d'Amour.

La semaine finie, etc.

A nuit pleine on se quitte,
Mais on se reverra ;
Les semaines vont vite,
La fille grandira.
Qu'il faut d'économie,
Jusqu'à boire de l'eau,
Pour gagner à la mie
Sa dot et son trousseau !

La semaine finie,
La joie et le rire sont bons :
Ils ont plus d'harmonie
Que les plus beaux sermons :
Drelin, drelin, la paie,
    Nous égaie ;
Chantons, dansons, rions, aimons !
    Aimons !

LA PAIE DES OUVRIERS.

PARIS. TYP. H. PLON.

LE CHANT DU DANUBE.

Janvier 1854.

Les Balkans et les Dardanelles
Ont beau protéger notre port,
Les Russes nous tombent du Nord
Comme un troupeau de sauterelles.
De loin, l'orthodoxe empereur,
Assis sur son trône de glace,
De sa parole de menteur,
Excite leur farouche audace !

Contre ton joug abrutissant
Le doux sultan lève la tête.
O czar ! l'injure du croissant
S'effacera par ta défaite
Dans le Danube teint de sang.

« Là, dit-il, jamais l'air ne change,
» Chargé d'essences, tout ambré ;
» Là mûrit le café doré,
» La figue, l'olive et l'orange.
» Leurs kiosques, leurs minarets,
» Et leurs terrasses du Bosphore
» Recèlent de brûlants secrets
» Sous le myrte et le sycomore !

Contre ton joug abrutissant
Le doux sultan lève la tête.
O czar! l'injure du croissant
S'effacera par ta défaite
Dans le Danube teint de sang.

Il excite leur convoitise
Par l'appât de tous les plaisirs;
Il fait flamboyer leurs désirs
Comme un bûcher que l'on attise.
« Là-bas, dit-il, sont les houris
» Sur des tapis semés de rose;
» A moitié chemin de Paris,
» Constantinople vous repose. »

Contre ton joug abrutissant
Le doux sultan lève la tête.
O czar! l'injure du croissant
S'effacera par ta défaite
Dans le Danube teint de sang.

Puis s'armant du ton dogmatique,
Il présente au serf, au boyard,
D'une main le glaive du czar,
De l'autre la croix schismatique.
Contre le Sud et l'Occident,
Quand ce pape botté fulmine,
Rallions contre l'impudent
Le croissant et la croix latine.

Contre ton joug abrutissant
Le doux sultan lève la tête.
O czar! l'injure du croissant
S'effacera par ta défaite
Dans le Danube teint de sang.

Déjà l'Angleterre et la France
Contre ce vieux Moloch du Nord
Ont marché d'un commun accord,
Oublieuses de la vengeance;
Et sur leur double pavillon,
Que divisait jadis la haine,
Brille comme un divin rayon
L'espoir de l'alliance humaine!

Contre ton joug abrutissant
Le doux sultan lève la tête.
O czar! l'injure du croissant
S'effacera par ta défaite
Dans le Danube teint de sang.

La voix du Droit sera comprise
De la Seine au Niagara,
Du mont Caucase au Sahara,
Du Nil fécond à la Tamise.
Vieux partis, formez tous un clan;
Mettez en commun vos colères!
Chassons ensemble cet ours blanc
Jusque sous ses glaces polaires!

Contre ton joug abrutissant
Le doux sultan lève la tête.
O czar! l'injure du croissant
S'effacera par ta défaite
Dans le Danube teint de sang.

LE CHANT DU DANUBE.

PARIS. TYP. H. PLON.

LA St VINCENT

LA SAINT-VINCENT.

Pourquoi nos vignerons pur sang
Ont-ils pour patron, pour compère,
Le glorieux martyr Vincent?
La raison en est toute claire :
C'est qu'avant d'être ce beau vin
Que dans les verres on voit luire,
Il a fallu que le raisin
Du pressoir subît le martyre.

Donc célébrons la Saint-Vincent
Et le cep toujours renaissant!
La séve, qui dort sous le givre,
Au premier soleil va revivre.

Qui dirait que de ce bois mort
Va jaillir la liqueur vermeille!
En hiver la vigne s'endort;
Elle dort, mais son enfant veille;
Il est mutin, capricieux,
Il jase, il pétille, il éclate;
Les ans s'en vont; mais le vin vieux
Nous en garde longtemps la date.

Donc célébrons la Saint-Vincent
Et le cep toujours renaissant !
La séve, qui dort sous le givre,
Au premier soleil va revivre.

Dix-huit cent onze vit encor !...
Pour qui n'a pas vu sa comète,
Sa longue queue en gerbe d'or
Dans le vin du Rhin se reflète.
Jeune comète, d'où viens-tu ?
Tu vieilliras, j'en ai l'idée,
Quand je sens encor la vertu
De celle qui t'a précédée.

Donc célébrons la Saint-Vincent
Et le cep toujours renaissant !
La séve, qui dort sous le givre,
Au premier soleil va revivre.

Pour voir si nous sommes déçus,
Goûtons au vin de cette année ;
La gelée a passé dessus.
Quand la Saint-Vincent est sonnée,
Des verres le gai carillon
Annonce que l'année est bonne.
Chante au foyer, petit grillon !
Au cabaret ma voix résonne.

Donc célébrons la Saint-Vincent
Et le cep toujours renaissant !
La séve, qui dort sous le givre,
Au premier soleil va revivre.

Clairons, trompettes et tambours
Présagent de grandes batailles.
Les corbeaux font peur aux amours,
L'ennemi flaire nos futailles.
Ils prendraient nos femmes aussi;
Car ces diables-là n'ont pas d'âme.
Monsieur l'étranger, grand merci!
Je garde mon vin et ma femme.

Donc célébrons la Saint-Vincent
Et le cep toujours renaissant!
La séve, qui dort sous le givre,
Au premier soleil va revivre.

Rentrons, chacun à son devoir,
Et n'attendons pas que l'épouse
En plein cabaret laisse voir
Qu'elle est querelleuse et jalouse.
Demain nous rendrons tous nos soins
A la vigne toujours féconde,
Et ceux qui boiront de nos vins
Seront les vrais maîtres du monde.

Donc célébrons la Saint-Vincent
Et le cep toujours renaissant!
La séve, qui dort sous le givre,
Au premier soleil va revivre.

L'ÉCURIE

L'ÉCURIE.

J'éteins ma pipe et j'entre à l'écurie,
Il ne faut pas incendier le foin;
Comme en un bois, ou dans une prairie,
Je veux m'étendre et rêver dans ce coin.
La paille luit, elle est dorée et fraîche,
Jusqu'au fumier qui n'est pas déplaisant.
Le foin, le trèfle et la luzerne sèche,
Embaument l'air d'un parfum bienfaisant.

Lieu de repos pour l'homme et pour la bête,
Dont fut épris plus d'un peintre flamand,
Je redemande à ton ombre discrète
La paix du cœur et le recueillement.

J'entends le bruit régulier des mâchoires,
Lèvres et dents tirent au râtelier,
Naseaux ouverts font ronfler les mangeoires,
Le sol s'ébranle au choc des coups de pied.
La queue aux flancs fouette et chasse la mouche,
Oreille droite ou basse, œil trouble ou clair,
Peignent la bête ou tranquille ou farouche,
Car les chevaux avant tout ont du flair.

Lieu de repos pour l'homme et pour la bête,
Dont fut épris plus d'un peintre flamand,
Je redemande à ton ombre discrète
La paix du cœur et le recueillement.

De l'araignée, aux poutres, aux solives,
La toile brille ou pend en longs réseaux,
Pour épargner tant de blessures vives
Que fait la mouche à ces pauvres chevaux ;
J'entends crier les becs des hirondelles
Qui font ici leurs nids en sûreté :
Tête petite entre deux longues ailes,
De noir, de blanc, le corps tout velouté.

Lieu de repos pour l'homme et pour la bête,
Dont fut épris plus d'un peintre flamand,
Je redemande à ton ombre discrète
La paix du cœur et le recueillement.

Le chat paraît au seuil de l'écurie,
Éclairant tout avec ses yeux cuivrés,
Prêtant l'oreille à la souris qui crie
Et détirant ses ongles acérés.
Sainte-n'y-touche, il entre à pas de moine,
Guette sa proie et fond comme un limier ;
Poules et coqs cherchent un grain d'avoine
Parmi la paille, et grattent le fumier.

Lieu de repos pour l'homme et pour la bête,
Dont fut épris plus d'un peintre flamand,
Je redemande à ton ombre discrète
La paix du cœur et le recueillement.

Au beau milieu pend un falot de toile,
Noir de poussière, usé de vétusté,
Le charretier y voit luire une étoile
Quand les chemins sont dans l'obscurité.
De vieux harnais, des housses éclatantes,
Sont pêle-mêle accrochés, entassés,
Et le soleil, pénétrant par les fentes,
Dore le tout de rayons cadencés.

Lieu de repos pour l'homme et pour la bête,
Dont fut épris plus d'un peintre flamand,
Je redemande à ton ombre discrète
La paix du cœur et le recueillement.

Un charretier apporte de l'eau claire,
Abreuve, lave, étrille les chevaux.
Je prends plaisir à le regarder faire,
Tant de gaîté naît des simples travaux.
Près de la porte, une fille regarde,
Forte de hanche, avec un gros chignon ;
Rien qu'à son air, on voit bien qu'il lui tarde
Que ce garçon ne soit son compagnon.

Lieu de repos pour l'homme et pour la bête,
Dont fut épris plus d'un peintre flamand,
Je redemande à ton ombre discrète
La paix du cœur et le recueillement.

SCHAMYL.

SCHAMYL.

De tous les rochers du Caucase,
Dont chacun recèle un péril,
Le plus solide sur sa base,
C'est la volonté de Schamyl!

Schamyl est un nouveau prophète
Qui longtemps seul a tenu tête
A Nicolas, dans son orgueil;
D'Allah cet envoyé mystique
A dit au pape schismatique :
Tu ne passeras pas mon seuil!

De tous les rochers du Caucase,
Dont chacun recèle un péril,
Le plus solide sur sa base,
C'est la volonté de Schamyl!

Dans le jeûne et dans la prière
Puisant une vertu guerrière
Qui lui fait braver mille morts,
Il rit du plomb et de la flamme
A faire penser que son âme
Est la cuirasse de son corps.

De tous les rochers du Caucase,
Dont chacun recèle un péril,
Le plus solide sur sa base,
C'est la volonté de Schamyl!

Aux cimes d'où part le tonnerre
Il a fortifié son aire
Dans les rochers du Daghestan,
Convulsions de la nature
Dont chacune est la sépulture
De quelque audacieux Titan.

De tous les rochers du Caucase,
Dont chacun recèle un péril,
Le plus solide sur sa base,
C'est la volonté de Schamyl!

Qu'une armée entière le cerne,
Que la bombe sur sa caverne
Décrive son arc enflammé :
Il sort des combattants de terre :
Chaque montagne est un cratère,
Chaque buisson est animé.

De tous les rochers du Caucase,
Dont chacun recèle un péril,
Le plus solide sur sa base,
C'est la volonté de Schamyl!

Dans ces effroyables mêlées,
Euménides échevelées,
Les femmes, seins nus, œil hagard,
Roulent des rochers plus grands qu'elles,
Et font tuer à leurs mamelles
Leurs fils, pour les ravir au czar.

De tous les rochers du Caucase,
Dont chacun recèle un péril,
Le plus solide sur sa base,
C'est la volonté de Schamyl!

Regardez la crinière fauve
Et l'œil bleu de celui qui sauve
Son peuple d'un immense affront !
Le Nord se livrait sans défense ;
Seul arc-boutant d'indépendance,
Schamyl a redressé le front.

De tous les rochers du Caucase,
Dont chacun recèle un péril,
Le plus solide sur sa base,
C'est la volonté de Schamyl !

Depuis, tout l'Occident s'élève
Contre le gigantesque rêve,
Héritage des czars mourants !
On va resserrer leur frontière ;
Le sultan et l'Europe entière
De Schamyl grossissent les rangs.

De tous les rochers du Caucase,
Dont chacun recèle un péril,
Le plus solide sur sa base,
C'est la volonté de Schamyl !

Il s'ouvre une nouvelle phase :
Aux flancs antiques du Caucase
Nicolas va voir à son tour
Son ambition garrottée.
De ce moderne Prométhée,
Schamyl, tu seras le vautour !

De tous les rochers du Caucase,
Dont chacun recèle un péril,
Le plus solide sur sa base,
C'est la volonté de Schamyl !

SCHAMYL.

LE CHEVAL.

LE CHEVAL.

—— 1854. ——

Viens çà ! mon beau cheval de race,
Anglais pur sang, mais tout français
Par le feu, l'orgueil et la grâce,
Aimant la poudre et le succès.
Ses crins sont des cheveux de femme,
Sa robe est un beau satin noir.
Ses naseaux jettent sang et flamme !
Son œil est comme un grand miroir.

Traverse tous les bruits de guerre
Qui font encor frémir la terre,
Passe le sang et la poussière,
Passe la guerre, passe le vent !
Hope ! mon cheval, en avant !

De l'épi du front à la croupe,
En ondulant vers le garrot,
Sa belle courbe se découpe,
Quand il se déploie au grand trot.
On voit le réseau de ses veines
S'entrelacer à fleur de peau.
Dès qu'il part, collines et plaines
Et montagnes sont de niveau.

Traverse tous les bruits de guerre
Qui font encor frémir la terre !
Passe le sang et la poussière,
Passe la guerre, passe le vent !
Hope ! mon cheval, en avant !

Dans un long ruban de poussière
On voit ses fers étinceler
Et se dérouler sa crinière,
Sa course ne peut l'essouffler.
Comme le marteau sur l'enclume,
La corne en mesure s'abat,
La bouche se blanchit d'écume,
La queue ondoie et le flanc bat.

Traverse tous les bruits de guerre
Qui font encor frémir la terre !
Passe le sang et la poussière,
Passe la guerre, passe le vent !
Hope ! mon cheval, en avant !

Terrible et doux, souple et rebelle,
Ferme sur ses jarrets d'acier,
Corps de lion, pieds de gazelle
Et vol d'oiseau ! c'est mon coursier.
On dirait une sensitive :
Si dans l'herbage du vallon
L'odeur de la cavale arrive,
On voit se dresser l'étalon.

Traverse tous les bruits de guerre
Qui font encor frémir la terre !
Passe le sang et la poussière,
Passe la guerre, passe le vent !
Hope ! mon cheval, en avant !

Tout fier de sa housse écarlate,
Il quitte les airs triomphants
Pour lécher la main qui le flatte
Et jouer avec les enfants ;
Il hennit à la jeune fille
Qu'il caresse d'un air soumis ;
Enfin il est de la famille,
Et c'est le plus sûr des amis.

Traverse tous les bruits de guerre
Qui font encor frémir la terre !
Passe le sang et la poussière,
Passe la guerre, passe le vent !
Hope ! mon cheval, en avant !

Il ne manque ni de litière
Ni d'avoine, et d'autres chevaux
Traînant le bois, traînant la pierre,
Succombent aux plus durs travaux.
Mais voici la vapeur qui passe
Comme un coursier noir indompté :
Chevaux de trait qu'elle remplace,
Elle vous rend la liberté !

Traverse tous les bruits de guerre
Qui font encor frémir la terre !
Passe le sang et la poussière,
Passe la guerre, passe le vent !
Hope ! mon cheval, en avant !

LE CHEVAL.

SOUS LES TILLEULS.

SOUS LES TILLEULS.

Vous souvient-il de cette allée
Qui projetait son ombre au loin,
Où la lune, à demi voilée,
Était notre unique témoin ;
Où, subjugué par votre grâce,
J'étais à genoux à vos pieds,
Et vous demandais à voix basse
    Si vous m'aimiez ?

Vos blanches mains pressant les miennes,
Tous mes tourments étaient finis ;
Comme par d'invisibles chaînes,
Je sentais nos deux cœurs unis...
Je n'oublîrai jamais le charme
De cette heure où vous me disiez,
Tout en essuyant une larme,
    Que vous m'aimiez !

Vous ajoutiez : C'est pour la vie !...
Après m'avoir longtemps bercé,
Cette espérance m'est ravie,
Votre serment s'est effacé !...
Sous les tilleuls, quand le vent pleure
Je viens m'asseoir où vous étiez...
Et là, je songe encore à l'heure
    Où vous m'aimiez !

Paris. — Imprimerie de L. MARTINET, rue Mignon, 2.

LA GRAND MÈRE

LA FÊTE DE LA BONNE MAMAN.

Sainte Anne a raison
De patroner notre grand'mère;
Il n'est pas maison
Plus que la sienne hospitalière.
Le plus riant accueil
Vous prévient dès le seuil;
Les gens de la meilleure sorte
Aiment à voir s'ouvrir sa porte;
Ah! qu'on est gaiement
Chez la bonne maman.

J'ai dit tout d'abord
Grand'mère, et c'est deux fois grand'mère :
Qu'il en vienne encor
Après la petite dernière,
Vite on les recevra,
Puis on vous les choîra;
Aisément on s'en accommode,
Les langes sont toujours de mode.
Ah! qu'on est gaiement
Chez la bonne maman.

Sont-ils réunis
Sous son aile, dans sa demeure,
C'est quatre ou cinq nids,
Et l'on y rit plus qu'on n'y pleure.
De fleurs quelle moisson,
Et de fruits à foison!
On lui fait toujours quelque niche;
Il faudrait qu'elle fût trop riche.
Ah! qu'on est gaiement
Chez la bonne maman.

Elle est d'un pays *
Où l'acier finement se trempe;
Où dans les grands puits
Avant le jour descend la lampe.
Aussi l'activité,
La douce fermeté,
Sont le fond de son caractère.
L'œil est doux, le sourcil sévère :
Ah! qu'on est gaiement
Chez la bonne maman!

Les jours de gala,
Ce sont les fêtes de famille,
Tout le monde est là;
Aucun par l'absence ne brille.
L'aïeul tout sérieux
Débouche le vin vieux,
On boit, et ce sont des risées,
Des bons mots comme des fusées.
Ah! qu'on est gaiement
Chez la bonne maman.

* Saint-Étienne en Forez.

« J'ai vu ce bonheur,
J'en ai l'âme toute remplie ;
 Ces fêtes du cœur
Me font prendre goût à la vie.
 Mon pipeau soufflera
 Longtemps et chantera ;
Il connaît bien les airs qu'elle aime,
Des chants de noce et de baptême.
 Ah ! qu'on est gaiement
 Chez la bonne maman.

LA FÊTE DE LA BONNE MAMAN.

Sainte Anne a rai-son De pa-tron-ner no-tre grand'

mè-re; Il n'est pas mai-son Plus que la sienne hos-pi-ta-

liè-re. Le plus ri-ant ac-cueil Vous prévient dès le

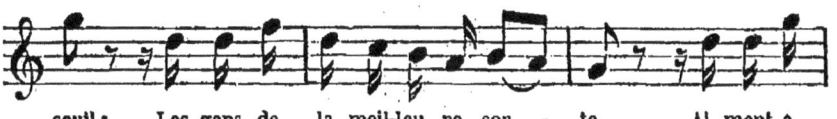
seuil; Les gens de la meil-leu-re sor-te, Ai-ment à

voir s'ou-vrir sa por-te. Ah! qu'on est gaîment Chez la bon-

ne ma-man, Ah! qu'on est gai-ment Chez la bon-ne ma-man.

PARIS. TYP. H. PLON.

NOTES

DU TOME QUATRIÈME.

[1] LE PATURAGE.

Ce sont encore des bœufs ; au lieu d'être à la charrue ils sont dans un pâturage peint d'après nature. Aucun détail qui n'ait été pris sur le fait. Est-ce là ce qu'on appelle du réalisme ? Je n'y ai pas visé, à coup sûr, et, autant j'aimerais à rendre fidèlement le détail, autant j'aurais horreur d'une peinture exacte qui ne vivrait pas en dehors de l'imitation, de la vie même, du sang et de l'âme de l'artiste.

[2] A BÉRANGER.

Son nom inscrit dans mon œuvre est un hommage dont je recueille tout le fruit. Il appartient à tous ; et si j'ose en revendiquer une part minime, c'est en souvenir de l'accueil paternel qu'il a fait à la Muse rustique.

[4] LES CORBEAUX.

Il est malheureusement vrai que le canon civilise.

Quand on a vu que nos soldats français se battaient si bien à Sébastopol, on s'est demandé pourquoi, et on affranchit les paysans russes.

⁷ LE PRÉLUDE.

Ce chant a été fait en 1852, au moment où les écrivains pouvaient avoir le plus d'entraves; l'auteur aborde franchement son sujet, et se fait un programme de ce qu'il peut et doit chanter.

⁸ LA TROMPE DE CHASSE.

Une infortune dont je tairai le nom, de peur de réveiller des souffrances trop vives, m'a inspiré cette légende sinistre. C'est un témoignage de sympathie qui n'a jamais été à son adresse, mais qui est parti du cœur sincère d'un ami inconnu.

¹⁰ LES ABEILLES.

Rentrent dans la série des études rustiques.

¹¹ MADELAINE.

On déclame beaucoup sur les prostituées; on a dû s'étonner même que de grands poëtes les aient chantées; tout a sa raison. Y a-t-il beaucoup de gens qui perçoivent d'un même coup d'œil le bon, le beau, le vrai? Une pauvre fille qu'attire séparément le rayon du beau se brûle à la chandelle; c'est triste, mais poétique. J'en connais d'excellentes qui n'ont pas le sens du beau. Une éducation simple et éclairée peut seule vous apprendre comment le beau naît du bon, et réciproquement. Celle que je dépeins dans ces strophes est une âme étiolée qui n'entrevoit qu'une lueur du beau, et qui se sentant consumer, trouve la force d'exprimer un acte d'amour divin.

¹² LES ORTIES.

Dans la recherche du beau, l'amour triomphe des obstacles.

¹⁵ RAYON DE SOLEIL.

Petite valse chantée.

16 LES ŒUFS DE PAQUES.

L'usage d'offrir des œufs de Pâques aux enfants m'a paru poétique, et j'en tire une petite moralité.

17 LE CHÊNE.

J'ai fait de cet arbre une sorte de personnification de la Gaule, de l'esprit et du sang gaulois; c'est un chant dédié au sol natal, un hommage rendu aux ancêtres. Il se termine par une intuition de l'immortalité de l'âme qui faisait partie de la doctrine des druides.

18 LA CAVE.

Dédiée à mon ami Bonvallet, en remercîment d'un très-joli paysage qu'il m'avait gracieusement forcé d'accepter.

23 LA RACE.

Ce chant est une réponse indignée à cette assertion banale, que nous sommes en décadence.

24 LA LYONNAISE.

Ce n'est pas sans éprouver une émotion toute filiale que j'ai donné ce titre à un chant que je dédie à ma ville natale. Je l'ai célébrée avec amour; toutes les expressions sont au-dessous du sentiment qui m'anime envers elle. Puissent mes compatriotes ne pas trouver mon œuvre trop indigne du sujet!

25 L'AUBERGE DU NAUFRAGÉ.

En dehors de l'air qui paraît dans ce volume, un jeune organiste, M. Cantois, a fait sur ces paroles une mélodie très-caractérisée; on la trouve dans le commerce de musique.

27 LE DERNIER BEAU JOUR.

Le plaisir que j'ai eu à chanter cette romance en famille me fait la désigner aux personnes retirées qui aiment à se récréer par un souvenir mélancolique des derniers beaux jours de l'automne.

28 SOUVENIR D'ALORS.

Attaque à ces jeunes bons vivants qui deviennent sur le retour de profonds égoïstes.

29 LA PLAINTE DU RUSSE.

Cette chanson, faite pendant la guerre de Russie, est une invocation à l'affranchissement que le dernier czar Alexandre II vient de donner aux paysans russes. Espérons qu'il ne trouvera pas d'obstacle à la réalisation de cette noble pensée.

30 LE RÊVE DU PAYSAN.

La dernière strophe sent son soldat laboureur, et, un an d'avance, prenait ses précautions contre les éventualités de guerre.

34 LE CHANT DU DANUBE.

Ce chant, qui date de janvier 1854, préparait l'opinion à relever le gant du czar Nicolas, et à rompre le vieux système de la *paix à tout prix;* quoique l'auteur soit un amant de la paix, mais de cette paix sainte et juste qui ne souffre pas l'oppression du faible. La verrons-nous s'asseoir définitivement ici-bas ?

35 LA SAINT-VINCENT.

La Saint-Vincent, qui est dédiée à la comète de 1858, a un couplet qui envisage la guerre au point de vue du droit de légitime défense :

> Monsieur l'étranger, grand merci !
> Je garde mon vin et ma femme.

36 L'ÉCURIE.

Peinture calme et d'après nature, qui essaye d'appliquer à la chanson le procédé de la peinture flamande.

38 LE CHEVAL.

Ceux qui admirent le cheval, après la description du cheval de Job, trouveront plaisir à la lecture du poëme d'*Ab-del-Kader*, traduit dans le livre du général Daumas.

N'ayant visité ni l'Orient ni le pays maure, j'ai cherché à m'inspirer de nos fêtes hippiques, et j'ai pris pour sujet de mon étude un étalon du haras de Chantilly qui avait bien trente ans, et qui s'appelait Gladiator; on me l'avait présenté comme un type de la race anglaise pur sang. Chez les anciens le cheval était l'image de la guerre : ici, dans une pensée toute moderne, il est excité à dépasser la guerre, à s'élancer au delà.

39 SOUS LES TILLEULS.

Poésie retrouvée dans mes premiers essais de jeunesse.

40 LA FÊTE DE LA BONNE MAMAN.

On pardonnera à l'auteur de terminer son volume par une chanson de circonstance, quand on saura que c'est pour le mettre comme sous l'égide d'une charmante et vénérable famille, où la Muse rustique a trouvé cette hospitalité des anciens jours, qui est la meilleure nourrice des vers et de la mélodie.

FIN DES NOTES DU TOME QUATRIÈME.

TABLE DES MATIÈRES

DU TOME QUATRIÈME.

Préface.	1
Le Pâturage.	1
A Béranger.	5
Les Cerises.	9
Les Corbeaux.	13
Les Trois Grâces.	17
La Fille des champs.	21
Le Prélude.	25
La Trompe de chasse.	29
Le Livre.	33
Les Abeilles.	37
Madelaine.	41
Les Orties.	45
Le Scieur de long.	49
La Danse.	53
Rayon de soleil.	57
Les Œufs de Pâques.	61
Le Chêne.	65
La Cave.	69
Le Camée.	73
La Paysanne amoureuse.	77
Les Grands Enfants.	81
Le Bon chemin.	85
La Race.	89
La Lyonnaise.	93
L'Auberge du naufragé.	97

TABLE DES MATIÈRES.

Le Secret.	101
Le Dernier beau jour.	105
Souvenir d'alors.	109
La Plainte du Russe.	113
Le Rêve du Paysan.	117
M. de Viralœil.	121
Le Conscrit.	125
La Paye des Ouvriers.	129
Le Chant du Danube.	133
La Saint-Vincent.	137
L'Écurie.	141
Schamyl.	145
Le Cheval.	149
Sous les Tilleuls.	153
La Fête de la Bonne Maman.	157

FIN DE LA TABLE DU TOME QUATRIÈME.

Paris. — Typographie de Henri Plon, rue Garancière, 8.

Contraste insuffisant

NF Z 43-120-14

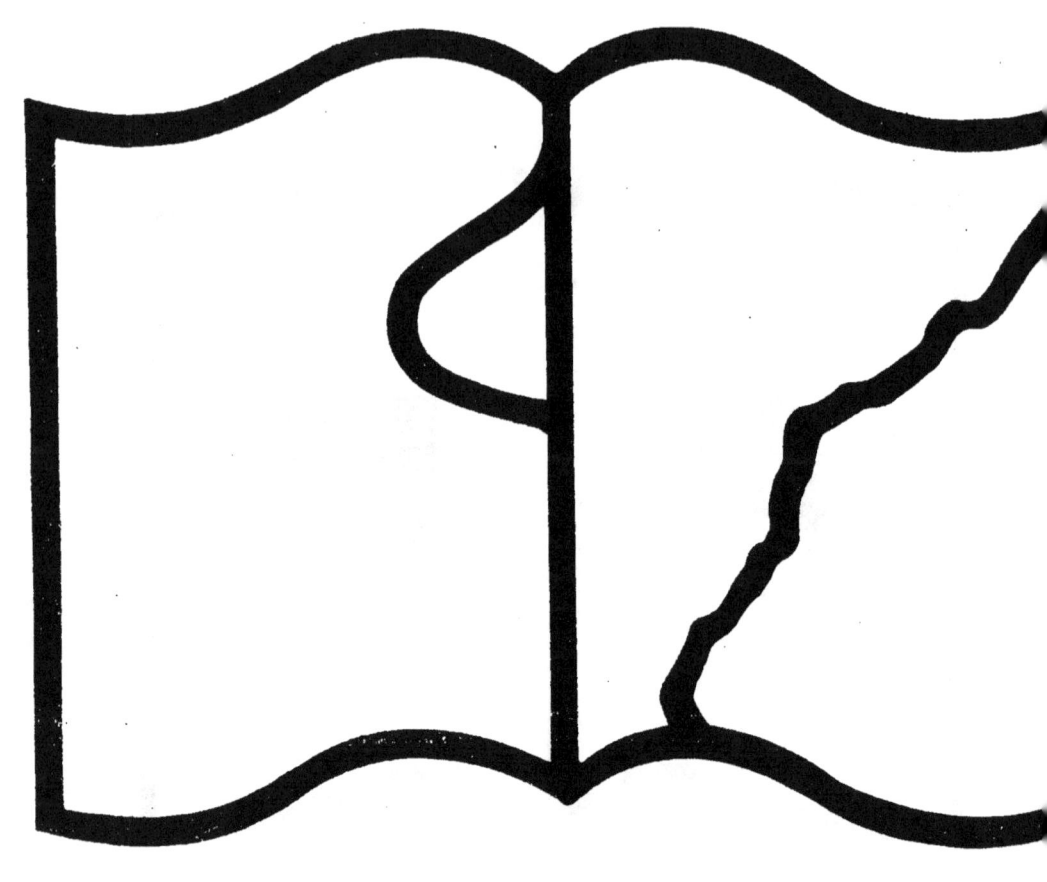

Texte détérioré — reliure défectueuse

NF Z 43-120-11

www.ingramcontent.com/pod-product-compliance
Lightning Source LLC
Chambersburg PA
CBHW050330170426
43200CB00009BA/1537